沖縄・奄美の島々を彩る歌と踊り

民俗芸能の伝統と創造をめぐる旅

全域

- ・シヌグ
- 臼太鼓
- エイサー
- チョンダラー
- 綱引き
- 浜下り
- ハーリー
- エイサー
- 豊年祭
- 「かせかけ」

八重山

- 《六調節》（さまわ）
- アンガマ
- 《弥勒節》
- 《安里屋ユンタ》

宮古

- クイチャー
- 《平安名のマムヤ》
- 《与那覇ヨンシー》

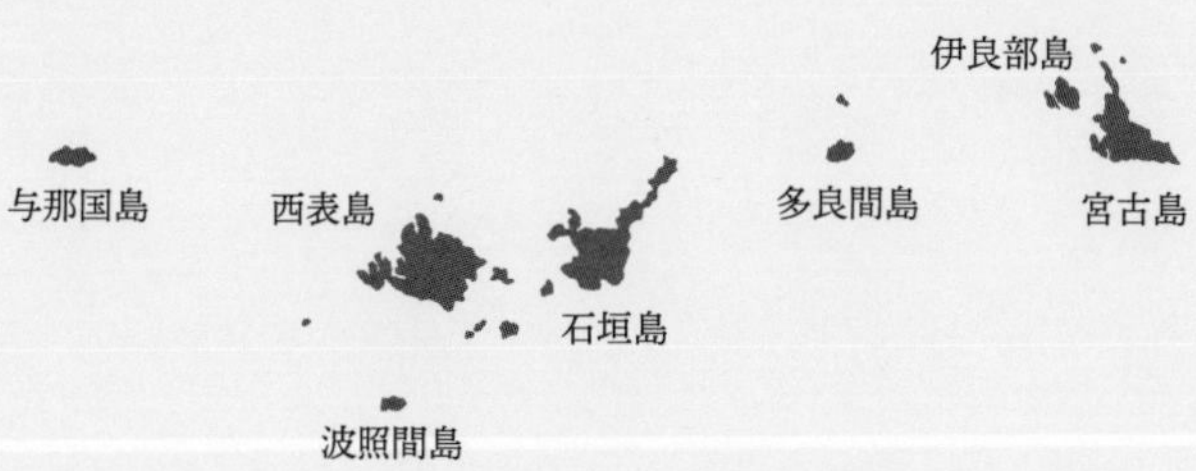

沖縄・奄美の島々を彩る歌と踊り

民俗芸能の伝統と創造をめぐる旅

久万田晋

ボーダーインク

目次

沖縄・奄美の島々を彩る歌と踊り

民俗芸能の伝統と創造をめぐる旅

沖縄・奄美の島々を彩る歌と踊り

沖縄・奄美の民俗芸能をより深く知るために

初出一覧

沖縄・奄美の島々を彩る歌と踊り
『e-magazine LATINA』２０２０年8月〜２０２２年7月連載

民俗祭事概説
『沖縄大好き検定公式ガイドブック』ぴあ株式会社　２００８年

沖縄・奄美の三線音楽
田中悠美子・野川美穂子・配川美加編『まるごと三味線の本』青弓社
２００９年

沖縄民謡から島唄・沖縄ポップへ
徳丸吉彦・高橋悠治・北中正和・渡辺裕編『事典世界音楽の本』岩波書店
２００７年

沖縄の歌と踊り：より深い研究への誘い
書き下ろし

※本文の写真は、撮影・提供者がクレジットされているもの以外は全て著者が撮影した。

沖縄・奄美の島々を彩る歌と踊り

海神祭　―他界からのカミを迎える

沖縄の夏の風物詩といえば、若者が太鼓を片手に勇壮に踊り歩くエイサーや、地域の人々が東西に分かれて雄雌の綱を熱狂的に引き競う大綱引きがまっさきに思い浮かぶ。このように沖縄には、暑い夏の期間に多くの祭りが集中している。民俗学ではこれを「南島の夏正月」と呼ぶ。沖縄では本土と違って一年のいちばん重要な区切り（折目〈ういみ、うんめ〉、節〈せつ、しつ〉などと呼ぶ）が正月ではなく夏の期間にあると考えられているのである。この夏の期間、沖縄には他にもさまざまな祭りがある。夏の折目にムラに神々を招いて来たる一年を過ごす力をいただく海神祭、夏の折目に村々を祓い清めるシヌグ、あるいは旧盆の時期に家々に還り来る先祖達の霊を迎え歓待する盆行事などである。

ここでは、その一例として海神祭を紹介したい。沖縄本島北部一帯には、海神祭（ウンガミ、

謝名城ウンガミ　神遊びの場面

撮影：赤嶺政信氏

ウンジャミ）といわれる神祭りが旧盆の前後（多くは亥の日）に催される。祭りの日に、神々が遠い海や山の彼方から人間界を訪れ、祭りの場にて神々が女性神役と共に歌舞を繰り広げる。それによって人々が来たるべき一年を過ごすための強大な力を神々から与えてもらう祭りである。

この海神祭にかぎらず、沖縄の神祭りには基本構造がある。これは実は、沖縄に限ったことではなく、日本本土の祭りもだいたい同じ構造でできている。それは次の四段階からなる。⑴神迎え：神々を他界から祭りの場へと迎える。⑵神遊び：神役が神々とともに歌い舞って遊ぶ。⑶神送り：もとの他界へ神々を送る。⑷直会《なおらい》：神からいただいた力を神役がムラの人々に分け与える。これら各々の段階はたくみに形式化されており、各地域で毎年々々、おそらく何百年にわたって繰り返されてきたものだ。それを継承していくのが地域の女性神役たちの重要な役割なのである。この中で、我々音楽や芸能に関心をもつ者が特に注目したいのが(2)の神遊びの部分である。ここにおいて、神々と相対する役割の女性神役が神の依代《よりしろ》となる、つまり神々が各神役の身体に憑依し、神と人が一体となって歌や踊りを繰り広げるのである。この歌や踊りが、沖縄における音楽や舞踊の根源となっていると考えられる。こうした沖縄の神祭りの中で演じられる歌や踊りは、日頃私達が親しんでいる音楽芸能に比べるととても単純で素朴なものだが、音楽・舞踊の起源の姿をそこに垣間見ることができるという意味では、たいへん重要な意味を持っているのである。

沖縄本島北部の海神祭に招かれる神々は特に強大な力を持っており、祭りの最中に歌われる神歌（ウムイ、クェーナと呼ばれる）においても、時に驚くような内容を表現している。ここではいくつかを例示してみよう。

神歌1：「ニライ（海上他界）から上がって来られて、（人間が神から）神遊びや踊りを習って、こんな辺鄙な所では、遊べない踊れない、遊びも踊りももの足らない」（大宜味村謝名城ウンガミ《縄遊び》より）。これは祭りの場で神々と一心同体となって遊び舞う女性神役にカミが憑依する過程の描写で、前半は女性神役からの表現となっている。それが後半になると神自身の言葉に

謝名城ウンガミ　神送りの場面

撮影：赤嶺政信氏

変わり、自らが他界より寄り来たったことと、そして神をもっと盛大にもてなせと人間どもを叱咤激励しているのである。

神歌２：「よかったね、ここのノロ（女神役の代表）は馬を引いて遊んで、私はニライの神だよ、そろそろジュゴンの口を取っておいとましよう」（大宜味村謝名城ウンガミ《ナガリーウークンザク》より）これは山の中腹から女性神役たちが神送りをする場面の歌で、内容は神の立場から人間たちへのねぎらいの言葉となっている。祭りの最終段階というのに、神が自ら海の彼方の他界ニライカナイに還ると表明しているのである。この歌からは、神が水上バイクのようにジュゴンにまたがりながら人間たちに向かって「また来年来るよ～」

と手を振りながら去りゆく光景がまざまざと思い浮かんでくる。

海神祭の神歌には、こうした神々の意志を直接的に表明する一人称的表現が数多く見られるのである。これは、沖縄にとどまらず日本全体の歌謡・文学の中でもたいへん貴重な事例だと思われる。このような沖縄の神祭りにおける歌や踊りは、21世紀を迎えたいま、日本や世界においてますます存在感を高めている沖縄の音楽芸能の根源を示すものとして、比類のない価値を有している。

しかしその一方、これらの神祭りはいまや絶滅の危機に直面している。祭りを司る女性神役の後継者が減少し、沖縄全域で神祭りの維持と継承が難しくなっているのである。私達も、この危機に瀕する貴重な文化遺産をしずかに見守っていきたい。

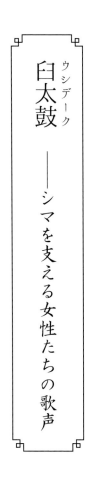

臼太鼓《ウシデーク》　――シマを支える女性たちの歌声

沖縄各地のムラには、ウタキ（御嶽）と呼ばれる聖空間がある。夏の祭りの時期にそこを訪れると、ガジュマルやクロツグ、アカギなどが生い茂った鬱蒼とした原生林の中から、紺色の絣の着物をまとった数十名の女性たちの厳かで格調に満ちた歌声が聞こえてくる。一年でいちばん重要な区切りとなる夏の祭りにおいて、地域の女性たちが総出で円陣を組み、太鼓を叩きながら歌い踊る。これが沖縄の臼太鼓という芸能である。

臼太鼓（ウシデーク、ウスデーク、ウシンデークなどと呼ぶ）は沖縄本島全域および周辺離島に分布しており、前回紹介したウンガミやシヌグなど、神祭りの翌日の直会《なおらい》の機会に踊られることが多い。このウシデークという名称は、九州にある風流系芸能「臼太鼓」に由来すると考えられる。しかし、九州各地の臼太鼓は男性による太鼓踊りであり、沖縄とは芸態が全く異なって

国頭村与那の臼太鼓(ウシデーク)

おり、直接的な繋がりがあるとは思えない。この「臼太鼓」という名称が、どのような経緯で日本本土から沖縄の地に伝わってきたのかはいまだに謎である。

かつてムラ(地域共同体)に生まれた女性は、一定の年齢になると必ず臼太鼓に参加したことから、臼太鼓はムラの女性のイニシエーション(加入儀礼)としての意味を持っていた。本島内のある地域で臼太鼓を見学した際、女性たちの踊りの輪の中心に、一人の老婦人が短い杖を持ち、特に歌い踊るわけでもなく立っていた。後でその方にお話を伺うと、「若い女の子たちが踊りや歌を間違えた時には、これ(杖)でピシッと叩くんだよ」と話して下さった。女性たちの臼太鼓踊りの輪は、各ムラの成人女性グループに新たに参入する若

本部町備瀬の臼太鼓（ウシデーク）

い女性たちが試され、鍛えられる教育の場でもあったのである。

また臼太鼓には、王権との関わりも想像できる。琉球国の王族や高級役人がムラの臼太鼓を演じる場に臨席し、そこで類まれな美人を見いだした、というような伝承が沖縄各地に伝わっている。

沖縄本島の臼太鼓の様式を大きく分けると、北部様式と中南部様式とに大別できる。北部様式は歌と踊りのテンポが速く、体の動きがダイナミックな踊りである。中南部様式はテンポが相対的に遅く体の動きもゆるやかで、扇や四つ竹など小道具を使った技巧的な所作もある踊りである。北部様式は二組で歌を掛け合う地域もあり、奄美諸島に広く分布する八月踊りとよく似た芸能のかたちを持っている。一方南部様式は、首里を中心に発達した琉球古典舞踊とのなんらかの影響関係を想像させる。

臼太鼓に伝わる曲名を調べると、《恩納節》、《宇地泊節》、《干瀬節》など琉球古典音楽と同じ曲名が多くあることに気付かされる。これについて一部の研究者は、臼太鼓は中国からの輸入楽器である三線《さんしん》が古典音楽の伴奏をするようになるさらに以前の、源＝古典音楽の姿を温存しているのではないかと考えている。それにしても庶民の女性たちの輪踊りの芸能から、士族の男性の独唱音楽あるいは古典舞踊の伴奏音楽へと、どのような筋道をたどって変化したのかは、これまでほとんど明らかにされていない。これほど芸能の形態や担い手が大きく変わるためには、なんらかの国家的あるいは政治的な力が働いたのではないかと想像させられるが、これも琉球・沖縄の音楽芸能史の大きな謎のひとつである。

ここで、臼太鼓で歌われる歌詞をひとつ紹介してみたい。

宇地《うち》　泊《どう》　塩《まいまさ》や　太陽《てぃら》どぅ紛らする
御月《うちち》紛《まぎ》らする　浜ぬ真砂《まさぐ》

（訳：宇地泊の浜の塩は真白でキラキラと輝く、浜砂は闇夜でも月夜のように輝いている）

（国頭村与那の臼太鼓歌より）

うるま市勝連屋慶名の臼太鼓(ウスデーク)

この琉歌(沖縄の韻律詩)は、琉球国成立以前の三山時代、中山の本拠地浦添城の要港であった牧港の対岸に位置する宇地泊の浜の美しさを讃えたものである。琉球国統一からさらに遡る中山王朝の名所を褒め称える歌が、沖縄本島最北部に位置する与那の臼太鼓歌として歌われているのである。この例からだけでも、私たちは臼太鼓という芸能が抱え持つ歴史的な深さと空間的な広がりに思いを馳せることができる。

先にも述べたが、臼太鼓は中国からの輸入楽器である三線が古典音楽の伴奏をするようになる以前の、源=古典音楽の姿を温存している可能性がある。また神祭りの場での神聖だが素朴な舞踊と、舞台芸術として大きく発達した古典舞踊の間を繋ぐ芸能として琉球・沖縄の芸能史の中で大きな意味を持っている。現在、多くの臼太鼓は伝承の危機に晒されているが、沖縄の音楽舞踊の原点ともいえるこの芸能の存在意義を深く認識してゆきたいと考えている。

エイサー　――若者の躍動するパフォーマンス

沖縄の夏といえば、地域の若者達が大太鼓や締太鼓を叩きつつ、華麗なヘーシ（囃子詞）を交えて勇壮に踊るエイサーをまっさきにイメージする人は多いだろう。しかしコロナが蔓延したこの数年は、沖縄各地でエイサーの太鼓の音が全く聞こえないという異常な夏を迎えた。

エイサーは、沖縄本島およびその周辺離島において、旧暦7月の盆の時期に先祖供養を目的として地域の若者達によって踊られる芸能である。一言で言うと沖縄の盆踊りである。

エイサーには地域毎にいくつかのスタイルがある。最もよく知られているのは、太鼓エイサーで、沖縄本島中部を中心に本島全域に分布する。男性による大太鼓、締太鼓の踊りに女性の手踊り衆（男女の地域もある）が続くもので、戦後のエイサーコンクールを通じて太鼓の増加や隊列踊りの発達など、芸能が飛躍的に発展してきた。続いてパーランクーエイサーがある。直径

読谷村高志保青年会のエイサー

20センチほどのパーランクーという一枚皮の小型太鼓による男性の踊りに男女の手踊り衆が続くもので、主にうるま市一帯（旧具志川市、旧与那城町、旧勝連町）に分布している。その他に、名護市西部から本部半島に分布する男女の手踊りエイサー（踊り手は太鼓を持たない）、沖縄本島北端西岸だけに分布する女性だけの手踊りエイサー（七月舞〈しちぐゎちもーい〉とも呼ばれる）などがある。さらに、念仏エイサーが沖縄本島南部のいくつかの地域に残されている。これは特に踊りを伴わずに念仏歌と酒乞いの歌のみで家々を廻るもので、エイサーの始原の形を残すものと考えられている。

沖縄中を戦火に巻き込んだ太平洋戦争が終わり、米軍占領下で復興が進む1950年代には、あちこちでエイサーを集めたイベント

うるま市勝連平敷屋西青年会のエイサー

が開かれた。中でも1956年からコザ市（現沖縄市）で始まった全島エイサーコンクール（現在の全島エイサーまつり）は、戦後のエイサーの発展に大きな役割を果たした。エイサーはこのコンクールを通じて、太鼓の増加（大太鼓、締太鼓）、衣装の確立、女性の躍進、複雑な隊列踊りの導入など、多くの面で従来とは異なる現代的な姿へと発展していった。なによりも、それ以前は各地域において先祖供養のために踊られていた民俗芸能としてのエイサーが、不特定多数の観客の前で華麗な演舞を繰り広げる、「見（魅）せる」パフォーマンスへと進化を遂げたのである。しかしコンクール熱があまりにも加速して評価や順位付けに対する不満が続出し、大きな社会問題となった。その結果、1970年代半ばにはコンクール

伊是名島のエイサー

形式が廃され、順位を付けない「まつり」形式へと変わっていった。

エイサーコンクールが盛り上がった1960年代以降は、それまでエイサーがほとんど踊られていなかった沖縄本島南部にも、中部地域の太鼓エイサー、パーランクーエイサーが伝わっていった。また踊り手が太鼓を持たない手踊りエイサーが盛んだった本島北部地域にも、徐々に太鼓エイサーが浸透していった。

1980年代にはエイサーにさらなる転機が訪れる。それは創作エイサー団体の登場である。その嚆矢となったのが、1982年に結成された琉球國祭り太鼓である。従来のエイサーが地域の青年会を活動母体とするのに対して、創作エイサー団体は特定の地域に依拠しない自由参加型であり、年齢や性別にも寛容である。さら

うるま市屋慶名西青年会のエイサー

に県外や海外に積極的に支部を作り、季節や場所に縛られない幅広い活動を展開している。音楽も従来の民謡・新民謡以外に沖縄ポップ等の現代曲を積極的に導入し、伝統の枠を超えた斬新な振付で踊るようになった。いまでは現代の「沖縄らしさ」を強烈にアピールするパフォーマンスとして大きな潮流を形成している。この創作エイサーについては、また稿を改めて紹介したい。

今日エイサーは県外、海外にも広く伝わっている。沖縄が日本復帰を果たした1970年代以降、首都圏、関西地区、中京地区にもエイサーが伝わり、沖縄県出身者を核として多くのエイサー団体が活動している。アメリカ・ハワイには20世紀初頭から、沖縄系移民によってエイサーが伝わり、オキナワン・ボン・ダンス［bon dance」と呼ばれている。夏期の週末には、オアフ島ホノルルやマウイ島の仏教寺院で盆行事が行われ、その中でオキナワン・ボン・ダンスが踊られている。いまではハワイ以外にも、北米、南米など沖縄系移民の多く住む地域で複数の創作エイサー団体が活動している。

　このようにエイサーは、戦後沖縄において大きく発展し、不特定多数の観衆に見（魅）せるパフォーマンスとして活発な活動を繰り広げるまでになった。今やエイサーは、沖縄が自らの「沖縄らしさ」、すなわち民族的アイデンティティを主体的に表現する文化運動として、沖縄から日本各地、さらに世界各地にまで広がっているのである。

浜比嘉島比嘉のエイサー

那覇市国場の念仏エイサー

撮影: 島袋幸司氏

伊是名島手踊りエイサー

本部町伊野波手踊りエイサー

大宜味村喜如嘉女エイサー

南城市手登根古式エイサー

巡遊芸人チョンダラー
――沖縄芸能のミッシング・リンク

「チョンダラー」ということばで多くの人が思い浮かべるのは、沖縄の夏の芸能エイサーにおいて、顔を白塗りにしてバサー（芭蕉布）をまとい、滑稽な動作で主役の太鼓打ち達に絡んだり補佐したりする役柄のことだろう。しかし、このようなエイサーの補佐役・道化役をチョンダラーと呼ぶようになったのは、ここ30年ほどのことである。

もともとチョンダラー（京太郎）とは、人形遣いや万歳、葬儀での念仏歌などをなりわいとして沖縄中を渡り歩いた流浪芸能集団のことである。念仏を唱えて歩くからニンブチャー、千秋万歳を言祝ぐ詞を唄うからヤンザヤー（万歳者）とも呼ばれた。

彼らはいつのころか日本本土から沖縄の島々に渡り来て、五穀豊穣と子孫繁栄を言祝ぐ万歳や死者を供養する念仏を唱え、フトゥキと呼ばれる人形を遣いながら沖縄各地を流浪して歩いた。もともとは京の都が故郷だとの言い伝えから「京太郎」と表記されてきた（沖縄の発音でチョンダラーとなる）。彼らが長い時間のなかで沖縄の島々を歩くうちに、伝承していた念仏歌謡をムラの青年達に教え伝え、それが今日のエイサーの原形となっていった。沖縄本島のエイサーで最も中核的な曲である「七月念仏（継親念仏《ままうや》）」は、チョンダラーからエイサー芸能に伝わったものと考えられている。

念仏の起源として、17世紀初頭に琉球に逗留した浄土宗名越派の袋中《たいちゅう》（1552―1639）上人がこれらの念仏歌謡を琉球に伝えた、あるいは創ったとする説がある。だが、これもいまのところ確たる証拠はない。このように真の起源は霧の中ではあるといえども、チョンダラーがエイサーの源流を構成するひとつの大きな筋道であることは確かなのだ。

また注目すべきは、チョンダラーが伝承してきた歌謡と日本本土の文芸との関連性である。「七月（継親）念仏」で歌われている、後生（あの世）を訪れて亡親と面会し再びこの世に帰還するという世界観は、日本中世の説経節「小栗判官」等の異界訪問譚の世界観と何らかの関連を持つと思われる。最近では、釈迦の十大弟子である目連尊者の説話を歌った本土の「ちょんがれ」系芸能が沖縄に伝播して影響を与えた可能性も提示されている。

チョンダラーの出自について、沖縄には「薩摩のスパイ」説もあった。1609年に薩摩藩

沖縄市泡瀬のチョンダラー

写真提供：尾崎江利子氏

は三千人余の軍勢をもって琉球を侵略するが、その侵攻以前からチョンダラーたちを間諜として沖縄に送り込み、各地の地形や情勢を調べさせていたというのである。しかしこの説には異論もある。沖縄各地を巡り歩く「よそ者」チョンダラーに対する猜疑心や恐怖心が、こうしたチョンダラー・スパイ説を生み出した可能性もあるのだ。

チョンダラーの足跡に話を戻すと、流浪芸能集団チョンダラーは、いつのころからか首里のアンニャ村（現在の首里久場川町）に住み着いていた。彼らは、普段は物乞いをしながら、正月や葬式、年忌祭などの機会に近隣の家々に呼ばれて念仏他の芸を披露した。こうしたこともあって、非差別部落の存在しない沖縄において例外的に一般の人々から忌避される存在となっていた。1925年には八重山出身の言語学者宮良当壮がチョンダラーから聞き取り調査を行い、『沖縄の人形芝居』という本にまとめている。しかしその後、沖縄戦や戦後社会の混乱を経て、いつしかチョンダラー達の消息は絶えて行方知れずとなってしまった。

沖縄本島には、チョンダラーと名のつく民俗芸能があちこちに伝わっている。沖縄市泡瀬のチョンダラー、宜野座村宜野座のチョンダラー、読谷村長浜のチョンダラー、名護市呉我のチョンダラー（義民）等々。これらの芸能の始まりを調べてみると、流浪芸能者チョンダラーから直接習ったというわけではなく、近代以降に首里や那覇の劇場において芝居や舞踊として舞台作品化されたものが各々の経緯で伝わったものが多い。

沖縄の古典芸能や大衆芸能の世界にも、チョンダラーの深い影響のもとに成立した作品がある。旅芸人（京太郎）に変装して親の敵に近づき仇討ちを果たす組踊「万歳敵討《まんざいてきうち》」（田里朝直作）、高貴な士族の男性とチョンダラー出身の女性との恋物語である沖縄歌劇「奥山の牡丹」（伊良波尹吉作）などの作品は、いまだに沖縄の人々の間で高い人気を保っている。

ここまで見てきたように、チョンダラーの起源やその後の足跡についてはあまりにも分からないことが多い。しかしそれと同時に、沖縄のさまざまな芸能のあちらこちらにチョンダラーの姿が影のごとく現れてくる。沖縄においてチョンダラーという存在は、古典芸能や民俗芸能、大衆芸能の深奥に潜むミッシング・リンクともいえるのである。

綱引き

——夏折目の統合・厄祓・競合

沖縄の夏から秋にかけて各地で催される一大イベントとして、綱引きがある。人々が雄綱と雌綱を貫《かぬち》棒で固定し熱狂的に引き合うさまは地域毎に少しずつ様相が異なっていて、それぞれ独特の個性を発揮している。ここで、沖縄の綱引きに見られる諸特徴を列挙してみよう。

(1)綱引きは夏の大きな節目、折目《おりめ》の時期に行う。地域によって旧6月、旧7月、旧八月十五夜などと決まっている。
(2)集落を東《あがり》／西《いり》に分け、各々で綱（雄綱、雌綱）を準備する。
(3)綱引き当日には、東西別々に綱（雄綱、雌綱）を担いで地域内を巡回する。
(4)ドラ、鉦、法螺貝などで構成される鉦鼓隊が綱の巡回を盛り上げる。

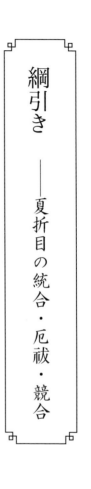

(5)東西に分かれた雄綱、雌綱を地区の中央に運んでくる。
(6)雄綱と雌綱を結合させ、貫棒《かぬち》で固定して、綱引き勝負を始める。
(7)綱引き勝負は一回ではなく、日程の間に何度か行う。
(8)綱引き勝負の前後には、その周りで旗頭、棒術、空手、獅子舞、鉦鼓隊、歌合戦などが登場してさまざまなガーエー（競い合い）を行い、場を盛り上げる。
(9)最後の綱引き勝負には「西が勝てば豊年豊作」などの言い伝えがあることが多い。
(10)綱引き終了後に、綱の一部を川や海に流すことがある。

この中で、特に(2)、(6)の雄綱、雌綱を結合させて勝負を行う点は沖縄の綱引きのたいへん目立った特徴であり、日本本土にはこういうやり方はほとんどない。しかし朝鮮半島各地には同様の風習があり、以前から文化的影響関係が指摘されてきた。地域や集落を二つ（東／西）に分けて雄綱と雌綱を貫棒によって結合させ綱引き勝負するという要素は、共同体を象徴的に分離して競合、対立を煽り立て、最後には雄雌を結合することで、再び共同体を象徴的に統合するという劇的な構成、演出が見て取れる。いちど繋いだ雄綱と雌綱をまた切り離し、再び結合し直すという地域もある。まさに結合→分離→結合を繰り返すことで共同体の統合性をいっそう高める仕組みになっているのである。

また(9)の要素に注目すると、沖縄の綱引きが夏の節目、折目（「南島の夏正月」）にあたって、来たるべき年の吉凶を占う「年占《としうら》」行事の性格を濃厚に持っていると言える。

ところで、沖縄を含む南西諸島の中には、綱引き勝負をしない地域がある。特に奄美大島にその例が多い。それらの地域では、綱引きとしては(3)の地域内を巡回する、という要素が重要性を持つことになる。一般に綱引きの綱は、龍蛇神の化身とされることが多いが、この強大な力を持つ龍蛇神（＝綱）を引き回すことで、地域の各処に溜まっている禍いや厄災を招く厄病神を大綱に吸い取り、地域から追い払ってしまうところに本来の目的があると考えられる。(10)のように綱の一部を川や海に流すというのも、さまざまな厄災を吸い取った綱（の一部）を龍蛇神の住処である水の領域に追い払う、という祓い清めの行いであると解釈できる。こうした綱引きによる「祓い清め」は、沖縄の豊年祭が起源的には祓い清めの意味を持っている、ということにも大きく関わることだ。

最後にもう一つ。綱引きには(4)、(8)のようにさまざまな音楽や芸能が付随するが、そこでの重要な要素が「ガーエー」である。ガーエーとは、競い合い、勢いの張り合いの意味をもつ沖縄方言である。先に述べた分離と統合にも関わるが、共同体を二つに分離し、ガーエーによって互いに競い合う、張り合うという要素が沖縄文化のさまざまな局面に見られる。この競い合いは、あくまで擬似的、座興的なもので、青年男子が棒術の演舞を見せつけて競う、東西の獅

南風原町兼城の綱引き

糸満市真栄里の綱引き

子が勇壮さを競い合う、東西（あるいは小字毎）の旗頭が華やかさを競い合う、東西の女性グループが相手をけなす歌を掛け合う、というように共同体のさまざまな階層における競い合いを見ることができる。これが綱引き行事に組み入れられて、先に述べた地域共同体の「分離→結合」という劇的構造をもつ儀礼＝行事に仕立て上げられているのだ。このガーエーは、沖縄文化の中で広くて深い意味を持っている。綱引き以外にも、旧暦3月のハマウリ（浜下り）、旧暦5月のハーリー（爬竜船競漕）、旧暦8月の豊年祭などにもガーエーの要素があちこちに認められるのである。

※こうした沖縄の綱引きが持つ重層的な意味を明らかにした名著として、小野重朗『十五夜綱引の研究（慶友社、1972年）』がある。機会があればぜひ読んでいただきたい。

宮古のクイチャー
——伝統と創造の拮抗

クイチャーは宮古諸島の伝統的な踊り歌であり、豊年祭やミャークヅツなどの年中行事や、雨乞い、豊作祈願、祝宴などさまざまな機会に踊られてきた。クイチャー歌のことをクイチャー・アーグと呼び、また踊りのことをクイチャー・ブドゥイという。地域によっては数十曲もの旋律を持ち、躍動的な踊りとともに長大な物語的詞章を歌い踊る芸能である。

私がはじめて生のクイチャーを見たのは今から40年ほど前のことだった。当時は、宮古島各地で伝統的なクイチャーに三線や太鼓を加えて演奏する試みが盛んに行われていた。本来のクイチャーは、人間の体だけで踊り歌うというきわめて単純で始源的な芸能の姿を残している。この楽器の追加は、音楽的な迫力や音色の多彩さを追い求める宮古の人々の現代的な選択であった。

うるかクイチャー愛好会

しかし、本来歌いながら踊るクイチャーに歌や三線が加わった結果、人々はクイチャーの歌唱の部分を徐々に歌三線という専門職に委ねるようになる。本来は踊り飛び跳ねながらその力強い律動に乗って歌声を発していたのが、次第に外部（地謡）の歌に依存するようになっていくのである。その結果、もともとクイチャーが備えていた歌声の力強さが失われていったことは否めない。

こうした芸能における芸態の変化はべつにクイチャーに限ったことではなく、沖縄の他の地域や日本本土、あるいは世界中のさまざまな芸能において起こってきた現象であり、そうした不断の創意工夫や発展によって、伝統芸能の多様化や洗練が進んできたのである。

創作クイチャーくだっこ

１９９０年代には、首里城復元などに伴う琉球王国ブームと相まって大きな潮流となった沖縄本島の創作エイサー団体が宮古にも進出していった。沖縄のポピュラー音楽を伴奏に使い、斬新な衣装や振付で踊る現代的な魅力に、多くの宮古の若者たちも惹き付けられたであろう。このままでは、伝統クイチャーは衰退の一途を辿るかと思われた。

ところが、21世紀に入ってからクイチャーを取り巻く状況は大きく変わる。それは２００２年から旧平良市（現宮古島市）で始まったクイチャー・フェスティバルであり、宮古の伝統クイチャーと、新たに生み出された創作クイチャーとが一堂に会して演舞を繰り広げる催しである。創作クイチャーとは、宮古民謡に基づくポップスを伴奏として、現代的感覚で振付けたダンスを踊るもので

宮古島市福里のクイチャー

ある。沖縄の創作エイサーの影響ももちろんあるが、どちらかというと90年代から日本本土で爆発的に流行しているよさこいソーラン系の創作ダンスに近い。今では創作クイチャーの参加者は、宮古の幼稚園児から中学・高校生、そして壮年・熟年の世代まで幅広く拡大している。このフェスティバルの核となっているのが、当初から実行委員長を務めてきた宮古在住の音楽家下地《しもじ》暁《さとる》氏である。彼はこれまでに、クイチャーや子守歌、アーグなど宮古の伝統的民謡を素材としたポップスの楽曲を数多く制作している。下地氏の音楽なくして、今日の創作クイチャーの隆盛はあり得なかっただろう。

　ここで興味深いのは、フェスティバルを通じた創作クイチャーの隆盛が、一方の伝統クイチャーにも刺激を与え、宮古各地で伝統クイチャーの復活や保存会結成という形で、活動状況がフェスティバル以前よりも活性化してきたということである。また、はじめは創作クイチャーに参加していた若者達が、経験を重ねた後には地域の伝統クイチャーに参加するという流れも見られるという。フェスティバル開催の目的が、伝統クイチャーを次世代へ継承するということと、若い世代の関心を惹き付けるために創作クイチャーのジャンルを設けるということなので、二つの目的が相互に影響し合い、期待された以上の成果を上げているとみていいだろう。

もちろんさまざまな課題もある。もともと地域共同体の祭りや遊びの場で演じられていたクイチャーと、フェスティバルのイベント会場における大観衆を前にしての演舞という文化的脈絡の違いをどう考えるのか。昔から数多くの旋律を継承してきた伝統クイチャーと、現代的なポップスに基づく創作クイチャーの間の音楽的な隔絶をどこまで繋ぐことができるのか。方言の苦手な若者世代に、伝統クイチャー独特の長大な叙事的歌詞を引き継ぐことがどこまで可能なのか。こうした点については、まだまだ試行錯誤が続けられているのである。

このフェスティバルを通じて、クイチャーにおける伝統と創作の要素が相克しつつ、新世紀宮古の個性溢れる文化が産み出されつつある熱い現場を私達は目の当たりにすることができるのである。

奄美大島の八月踊り

——男女の歌掛けと太鼓の響き

奄美大島では毎夏旧暦8月の初旬、夕暮れになると島のあちこちで太鼓を連打する音が響きわたり、力強い男女の歌声とともに、輪になって踊りを楽しむ人々の姿を見ることができる。これが奄美を代表する民俗芸能「八月踊り」である。八月踊りは島によって名称が異なり、徳之島では「七月踊り」「夏目踊り」などと呼ばれる。また現在では女性だけで踊られる沖永良部島の「遊び踊り」（手々知名）や沖縄本島の臼太鼓《ウシデーク》もほぼ類似した芸態を持っており、これらの芸能の発生と伝播については、お互いに深い関わりがあると考えられる。

奄美では旧暦8月の初丙《ひのえ》をアラセツ（新節）、その後の初壬《みずのえ》をシバサシ（柴挿）と呼び、一年で最も重要な夏の節目（折目）となっている。これらの行事は奄美にとどまらない。沖縄本島および周辺離島には「節」と名のつく行事は現在残っていないが、シバサシは旧暦8月の厄払

奄美市笠利町佐仁の八月踊り

い行事として行われている。また宮古諸島や八重山諸島でも「節（しつ、しち）」と名のついた祭りが盛んに行われている。つまりアラセツやシバサシは、たんに奄美諸島だけの行事ではなく、南島の島々に広範囲にひろがる夏の大きな節目の行事なのである。この夏の区切りの時期に、後生（あの世）からこの世に帰り来る霊を歓待し、同時に悪霊を祓い、家屋に付着した厄災を太鼓の響きによって祓い清める。そのために家々を廻って歌い踊られるのが八月踊りなのである。

八月踊りは集落によって10数曲から40曲超のレパートリーを持つ。歌の演唱は男性と女性の歌の即興的な掛け合いによって進行してゆく。男女互いの歌のリーダーが相手の歌う歌詞を聞き、即座にそれに相応しい歌詞を歌い出すと、一同がそれに唱和し歌い返す。こうして意味内容が連なりを持って歌掛けが進行してゆくのである。この歌掛けにおいて歌われる歌詞は数百種にも及び、奄美で伝承される歌謡の中核をなしている。ここで八月踊りの歌掛けでよく歌われる歌詞（沖縄と同じ琉歌形式８８６が多い）を一つだけ紹介してみよう。

これほどぬ遊び　組み立ててぃからや　夜ぬ明けてぃ太陽《てぃだ》ぬ　上がるまでも
（訳：これほど盛り上がる八月踊りを始めたからには、夜が明けて太陽が上がるまで踊って遊ぼう）

ひとくちに八月踊りといっても、奄美大島の北東部と西南部ではかなり演唱様式が異なっている。北東部（奄美市笠利町、龍郷町方面）では、一曲毎にゆっくりから急速調へと加速してゆく。一方、西南部（宇検村、瀬戸内町方面）では、曲中ではあまり速さを変えず、緩急の曲を交互に歌い踊り継いでゆく。この中間地点では、両者のスタイルが地域によって入り交じっているのである。また徳之島は奄美大島北東部の様式に近く、喜界島は大島西南部の様式に近い。これも奄美諸島の八月踊りの分布における興味深い現象である。

八月踊りが盛んに踊られるアラセツ・シバサシ行事は、南島の夏正月とも言われ、旧暦の盆が沖縄・奄美で盛んになる以前の夏の折目行事と考えられる。この時期を中心に、奄美大島の

瀬戸内町手安の八月踊り

北から南まで、かつてはヤサガシ（家探し）、あるいはヤーマワリ（家回り）といって、集落の一軒々々残らず八月踊りを踊って廻ったのである。それは地域共同体の連帯を確認する最も重要な行事であった。また、奄美大島中部から南西部にかけては、アラセツ・シバサシから八月十五夜の間の時期に日を選んで豊年祭が行われてきた。公民館の庭に土俵を作り、男の子から青壮年までの相撲が盛んに繰り広げられる。その合間には婦人会や老人会、児童達によるさまざまな芸能が演じられ、最後には集落の人々全員で締めくくりとして八月踊りが踊られる。現在は都会に暮らす地域の出身者もこの日は多数帰省して祭りを盛り上げる。まさに豊年祭が地域の人々の結束を象徴する行事となっているのである。

太平洋戦後の米軍占領期から奄美諸島の日本復帰（1953年）、さらにその後の日本の高度経済成長期を通じて、奄美の社会も大きな変化を被った。奄美の主要産業だった大島紬生産の隆盛と衰退、それに伴う若者人口の流出と過疎化という社会環境の急激な変化は、当然のことながら八月踊りのあり方にも大きな影響を与えてきた。これまで八月踊りを伝承してきたベテラン世代や、これから八月踊りを受け継いでいこうとする次世代は、現在の八月踊りの状況に対してどのような思いを持っているのか。社会の変化に伴う芸能の変化をどのように受け止め、そして未来へと繋ごうとするのか。こうした奄美の人々の八月踊りに対するさまざまな思いを、今後とも注意深く見守っていきたい。

浜下り行事
——祓い清めと女の遊び

沖縄では寒さもだいぶ和らぐ旧暦の3月3日にハマウリ（浜下り）と呼ばれる行事が行われる。昨今の沖縄では、ハマウリについてたずねると「ビーチパーリー（パーティ）のことでしょう？」と答える若者も多いようだが、ハマウリの本来の意味は海浜に打ち寄せる潮水で心身に付いた穢れを祓い清める行事である。

このハマウリ行事には由来譚がある。ある美しい娘のところに夜な夜な若い男が訪れてきた。母親は娘に男の身元を問うが、娘は答えられないまま子供を身ごもってしまう。娘は母に教えられて男の着物にこっそり糸付きの針を挿しておいた。男が帰った後、娘と母が糸を辿って行くと洞穴に至った。中にはアカマター（蛇）達がいて、「俺は人間の娘を妊娠させた」と自慢げに話していた。すると別の蛇が「人間は賢いから、気をつけないと3月3日に海砂を踏まれて（お腹の中の子が）堕ろされるよ」と話した。それを聞いた母と娘は、3月3日に急いで海浜に下り潮水で身を清めると、娘のお腹から蛇の子供が流れ出た。それ以来3月3日には海浜の潮水で身を清めるようになったという。

日本の古事記には、これに類似した三輪山伝説がある。三輪山の神（大物主大神）が人間の娘（活玉依姫）の前に現れて神の子を授けた話となっている。宮古島の漲水神社にも同様の由来譚があり、人間の娘と大蛇（神の化身）の間に生まれた三人の女子が宮古島の守り神となったと伝わっている。これらは人と異類（神）の間の婚姻譚として、話の結末は各々異なっているものの、日本文化と沖縄文化が奥深いところで繋がっていることの一つの証しとなっているのである。

このような由来譚をもつハマウリ行事であるが、地域によって時期や習俗は異なっている。うるま市の平安座島ではこの日にドウグマチー（竜宮祭）といって海で亡くなった者のための供養を海辺で行った。奄美諸島の徳之島では旧7月の盆後にハマウレとして海浜に仮小屋を作り家族ごとにそこで泊まった（この場合は夏の節目における籠りの行事といえる）。奄美大島ではハマウリは3月に限らず、4月、5月と何度も行われた。石垣島の川平でも年間5回のムノン（物忌）といって家畜と村人全員でハマウリが行われた。このような事例から思い当たるのは、沖縄の組踊『万歳敵討《まんざいてきうち》』である。劇中の敵役高平良御鎖《たかでーらうざす》は、家中に鳥が入ったことを不吉な出来事として、小湾浜（現：浦添市）にて家族で厄祓いのために浜下りをしているところを仇討ちされるという筋書きとなっている。

3月3日はハマウリ行事だけではなく、「サングヮチャー」と呼んで「女の遊び」の日とする地域も多い。沖縄本島中南部の那覇、浦添、宜野湾近辺では、かつてはこの日に女性たちが地域の大きな屋敷に集まって歌や踊りで終日遊び暮らしたという。同時に集落内を巡行する道ジュネーも行われた。またこの日に女性だけで「競い合い」をする習俗もあった。沖縄本島に近い座間味島、阿嘉島、慶留間島あたりでは、最近まで女たちが、東西あるいは陸と舟上に分かれて歌や踊りでガーエー（競い合い）をしていた。旧那覇市街の三月アシビでも、舟に女性達が乗り込んで歌や踊りに興じたが、他の舟と出会うと歌を掛け合ったり、柄杓で水をかけ合ったりしたという。なんとも楽しそうな情景が想像されるが、こうした事例においては、「潮水で身を清める」要素と「女の遊び」の要素が、「競い合い」を通じて結合していたことがわかる。

明治時代後半から沖縄で大流行した商業演劇に歌劇というジャンル（台詞を民謡に乗せて歌う音楽劇）があるが、その中の名作とされる恋物語「薬師堂」の冒頭では、ハマウリ（浜下り）の情景が次のように歌われている。

阿嘉島の浜下り行事(1992年)

三月《さんぐゎち》がなりば　心《くくる》浮《う》かさりてぃ
でちゃよ磯端《いすばた》に　下《う》りてぃ遊《あし》ば
（訳：三月になると心が浮き浮きしてくる、さあ皆で海岸の磯に下りて遊びましょう）

このように沖縄のハマウリ（浜下り）は、心身の穢れを落とす祓い清めの行事である。それと同時に、いつもは家事や育児に忙しい女性達が、サングヮチャー（三月遊び）の日だけは女だけで歌い踊って遊ぶことによって、日頃の生活でたまった疲れや鬱憤を晴らすハレの日でもあったのだ。こうしたハマウリ行事で発散される女性の歌や遊びのエネルギーが、沖縄の音楽芸能文化を支える一つの大きな力となってきたのだ。

騒ぎ歌《六調》の系譜
——歌が繋ぐ奄美と八重山

八重山には《六調節》（さまわ）という歌が伝わっている。これは、奄美諸島で盛んに歌い踊られる《六調》が伝わったものと言われている。奄美諸島北部の島々では、タネオロシ（餅貫い）などの祭や八月踊り、またさまざまな宴席の最後に必ずといっていいほど《六調》が踊られる。歌と三線、太鼓の伴奏に合わせて参加者が自由に乱舞するのである。これは沖縄のカチャーシーとよく似ている。

奄美《六調》の三線の弾き方は、ギターのストローク奏法のように三線の全弦をバチのアップダウンによって跳ねるリズムでかき鳴らす。太鼓は、別の人が支える島太鼓を二本のバチで即興的に叩く。歌、三線、太鼓いずれも演奏者によって唱法・奏法が異なっている。歌われる歌詞は、奄美・沖縄に特有な琉歌形式ではなく、次のような大和風（7775調）の歌詞が歌われる。

・ひとつ唄《うた》いましょう　憚《はばか》りながら　唄ぬあやまり御免《ごめん》なされ
・踊《うどう》りするなら　はよ出て踊れ　踊り習《なら》わば　今習《なま》お
・立てば芍薬《しゃくやく》　座れば牡丹《ぼたん》　歩《あゆ》む姿は　百合《ゆり》の花

この《六調（節）》が奄美から八重山へ伝播した経路に関しては諸説ある。一つは宮良経由説で、明治20年代奄美大島からの八重山開拓団が石垣島北部の伊野田に入植した。この開拓はマラリアの為に失敗したが、その開拓団の人々が奄美の《宮良六調》を伝え、それが《六調》となり、しだいに他所にも広まったという説（仲宗根幸市氏）である。もう一つは石垣四箇経由説で、琉球処分後、登野城の人が奄美に行って歌を習い持ち帰ったという説（新崎善仁氏）である。その他に、西表島の炭坑で働いていた人が流行らせたという言い伝えもある。道光27（1847）年に書かれた『大和歌集』の中には「六中ふし」があり、十数編の歌詞が記されているが、現行の歌詞とは内容がだいぶ異なっている。これらのことから、八重山の《六調節》が今の形になるまでには、複数の経路を経てきたであろうことが想像できる。

八重山では《六調節》は、祝いや酒宴の機会に踊りの伴奏曲として演奏される。以前は笠や

石垣島の六調節(2014年)

撮影：飯田泰彦氏

手拭いを被った踊り手が中囃子（節と節の合間に入れるハヤシ詞）も唱えたが、今ではあまり行われなくなっている。

本来《六調節》の節回し（旋律）は人により異なるものと考えられていた。石垣四箇には《六調節》について、二通りの三線の演奏法が伝わっている。一つは古典曲のようにゆったりした奏法、もう一つは沖縄本島のカチャーシーでよく見られる早弾き奏法である。最近では前者の奏法はあまり聞かれなくなっている。

また石垣四箇の登野城には《六調節》と共に、《朝花》という曲も伝わっている。曲名からは奄美諸島北部の座開きの定番である島唄《朝花節》との関係を想像したくなるが、旋律や歌詞を比べてみると直接的

奄美大島・笠利町の六調(1986年)

な繋がりがあるとは言い難い。
　奄美大島には《六調》以外にも、テンポがゆったりした《天草》、急速調の《渡しゃ》など手踊り曲(自由乱舞の伴奏曲)が何曲か伝わっている。奄美《六調》の節回し(旋律)も八重山と同じく歌う人によってかなり異なっており、共通するのは終止する音や「ヨイヤナ」というハヤシ詞くらいである。奄美の島々にいつ《六調》他の手踊り曲が伝わったのかは定かではないが、幕末奄美大島の民俗誌『南島雑話』には、タネオロシ行事と共にこれら手踊り曲の存在を伺わせる記述が残されている。また奄美大島では、《六調》が伝わる以前の手踊り曲の存在も確認できる。大島北東部の奄美市笠利町では八月踊りがクライマックスを迎え手踊りに移行する際に、

まず旋律が《口説》に変わり、その後《六調》へと変わっていく。また奄美大島中西部地域には、北東部の笠利・龍郷方面から《六調》が流行してきたという伝承もある。自由乱舞の伴奏曲がそう遠くない時期に、《口説》から《六調》や《天草》など南九州系の曲に変わってきたことが推定できるのである。

《六調》という曲名からは、南九州に分布する民謡《六調子》との関係を考えたくなるが、なかなか簡単には繋がらない。南九州《六調子》の三味線の奏法はほとんどが単音弾きで、この系統が奄美に伝わって現在のストローク奏法になったとは考えにくい。旋律の形態を見ると、たしかに奄美《六調》はハヤシ詞や終止する音は南九州《六調子》と共通している。この点は八重山《六調節》も同様だ。しかしもう少し視野を広げると、《ハイヤ節》なども広い意味では同じ系統に入ると考えられる。南九州の《ハイヤ節》、《おはら節》など騒ぎ歌における三味線の奏法を奄美《六調》は受け継いでいるのではないだろうか。いっぽう八重山《六調節》は、独自の三線奏法を工夫して自らの歌として取り込んでいるのである。

今回は《六調（節）》を中心に、南九州から奄美諸島、そして八重山諸島へと伝わった歌のありように注目してみた。島々を越えて移動する歌の背後には、必ずそれを運び伝えた人々の営みや人生があるのである。

ハーリー行事

——爬竜船競漕と龍蛇神への願い

沖縄では、旧暦5月4日に各地でハーリー行事（爬竜船競漕）が行われる。この日の朝、ハーリー行事の始まりを知らせる鐘が鳴ると梅雨が開けると言われている。これは元々中国中南部に由来する行事であるが、それ以外にタイ、ラオス、カンボジア、ベトナム、ボルネオ、香港、台湾と東アジア・東南アジアの各地で行われている。

爬竜船競漕の起源については、古代中国の春秋戦国時代、楚の政治家屈原《くつげん》にまつわる由来譚がある。屈原は楚に敵対する北方の強国秦の謀略に踊らされる懐王を諌めたが、他の家臣からの讒言を受け、楚の将来に絶望して揚子江中流にある洞庭湖の汨羅江《べきらこう》で入水自殺した。爬竜船競漕は、この屈原の霊を弔うために始まったとされている。屈原は春秋戦国時代を代表する詩人でもあり、『楚辞』中に数々の作品を残すと言われている。

沖縄の地にどのように爬竜船競漕が伝わったかについて、『琉球国由来記』（1713年）や『球陽』（琉球国の正史、1745年）にはいくつかの由来伝説が記載されている。そのひとつは那覇西村の長浜太夫という人物が中国の南京から伝えたという説である。往時は久米村、那覇、若狭、垣花、泉崎、上泊、下泊など数多くの爬竜船があったが、近世（18世紀）には那覇、久米村、泊の三隻が残ったと記されている。

また別説として三山時代（琉球国成立以前）の南山王弟である汪応祖が留学先の南京から南山の有力な城である豊見城に伝えたとの記述もあり、そのため毎年5月4日には漫湖（那覇港奥の入江）を遡って豊見城の麓まで各地の爬竜船が集まったとされている。両説とも中国の南京由来という点は共通しており、そこから那覇あるいは豊見城に伝わり、その後沖縄各地に広まったと考えていいだろう。また旧暦5月に限らず、旱魃時には首里城北の龍潭池でも爬竜船競漕が行われたとの記録がある。さらに中国からの冊封使来琉時にも龍譚池で催されていた。

今でもハーリー行事が盛んに行われている沖縄本島南部の中で、糸満市名城《なしろ》（なーぐすく）集落のハーリー行事の様子を紹介してみよう。

旧5月4日の早朝、公民館横の拝所での祈願の後、字内3地区の舵取りが集まり、どのハーリー船に乗るかを決めるくじ引きを行う。その後、午前9時頃から海の安全と豊漁を神に願う御願《うがん》バーリーが始まり、その後は招待団体ハーリー、青年、児童、婦人、門中（親族組織）ハー

糸満市名城のハーリー行事（2011年）

リーと続いていく。各々の競漕ごとに、地区役員や敬老者、来賓客らが見守る中、勝利した団体が表彰される。かつてハーリー船は個人の船や近隣の糸満漁民の船を借りた時代もあったが、今は名城が所有する船で競漕をしている。

昼頃、ハーリー競漕が終わった後は、青壮年がそのままエーク（櫂）を持ったまま集落内の旧家数カ所を巡る。各家では庭先で円陣を組み、エークを振りながらハーリー歌を歌ってゆく。これにはハーリー競漕の間、海浜で応援のためにチヂン（鼓）を打ちハーリー歌を歌い踊っていた女性たちも参加する。場が盛り上がってくると男たちと女たちの間でガーエー（競い合い）が繰り広げられる。その後は公民館で慰労会が開かれて行事は終了する。ここで名城のハーリー歌をひとつ紹介しよう。

糸満市名城:競漕を応援する女性の歌と踊り(2010年)

糸満市名城: ハーリー競漕後の旧家巡り(2011年)

いびがなし御前《うめ》に　船三隻《ふにさんず》　浮きてぃ
じりが先《さち》なゆら　定みぐりしゃ　サーユラシガヘンサーヨー
（訳：いび神の御前に船を3隻浮かべて　どの船が先頭になるか定めにくい
※「いび」とは御嶽や拝所の最も神聖な場所のこと）

いっぽう那覇市のハーリー行事は、観光行事としても有名である。1879年の琉球処分以後急速に衰え、長らく途絶えていたのが1975年に復活した。沖縄のハーリー行事のなかでは最大規模であり、那覇以外のハーリー船は漁労用のサバニ（民間の木製漁船）を用いるが、那覇のものは竜頭、竜尾の付いた大型船を用いる。現在は、新暦5月のゴールデンウィーク期間に行なわれている。

沖縄全域を見渡すと、ハーリー行事は旧暦5月4日に行われるとは限らない。本島北部の大宜味村塩屋では旧7月のウンジャミ（海神祭）の中で爬竜船競漕が行われる。また慶良間諸島の阿嘉島では旧6月の六月ウマチー（稲の大祭）に行われる。八重山諸島の黒島や鳩間島では旧6月プール（豊年祭）の中で、波照間島や西表島（祖納）では旧9月のシツ（節）祭りにおいて行われる。このようなハーリー行事の多様なあり方は、中国に由来する爬竜船文化が沖縄に伝わった後に、各地で時を経ながら独自の展開を遂げていったものと考えられる。

ハーリー行事の根底には、水や雨を操る龍蛇神への信仰がある。ハーリー船は龍蛇神の象徴である。沖縄の人々はハーリー行事を通して、龍蛇神に雨の恵みと台風や旱魃に襲われないことを乞い願うのである。それと同時に、ハーリー船競漕における男たちの競い合いを女たちの歌と踊りが応援し盛り上げるという、綱引き行事とも共通する文化要素が濃厚に見てとれるのである。

創作エイサー　――伝統性と現代性の競合

「エイサー」（19頁）の項目において、戦後沖縄で始まったエイサーコンクールを通じてエイサーが大きな変貌を遂げたことを指摘した。エイサーはいまや県外各地、そして世界各地にも広がっている。その大きな原動力となったのが１９８０年代に登場した創作エイサーの団体であり、その嚆矢が「琉球國祭り太鼓」である。

創作エイサー団体は、従来の地域に密着した青年会エイサーとは、さまざまな点において違いがある。その違いをまとめてみると、⑴住んでいる地域に限らず誰でも参加できる。⑵青年会のような厳格な年齢制限はない。⑶旧盆の時期以外にも年間を通じて活動し、イベント等に出演する。⑷女性でも太鼓を叩くことができる。⑸県外・海外に支部組織を積極的につくり、そのネットワークを通じて活動する。⑹音楽にポップ・ミュージック（特に１９７０年代以降台頭

琉球國祭り太鼓の演舞風景（2019年）

した沖縄ポップ）を積極的に導入する。こうしたさまざまな点で従来の青年会エイサーとは組織の性格や活動状況が大きく異なっている。特に1990年代以降、創作エイサー団体の活発な活動を通じて、エイサーが全国各地に広がり、さらには世界各地に伝わっていったのである。

沖縄の創作エイサーを代表する「琉球國祭り太鼓」の創始者である目取真《めどるま》武《たけ》男《お》（1951年生）は、沖縄市泡瀬に生まれ育った。泡瀬はもともとエイサーや京太郎《チョンダラー》など民俗芸能が盛んな土地柄である。青年時代には地域の青年会長を務め、自らエイサーや京太郎を演じたという。高校生時代には、当時教諭であった山内徳信（1935年生、1974年より読谷村長を6期、その後沖縄県出納長）の深い影響を受け、沖縄の歴史・文化に強い関心を抱くようになった。日本復帰を遂げた1970年代当時の沖縄では、青少年のバイク暴走行為が社会問題となっていた。ところが不思議なことに旧盆のエイサーの時期になると、それまで暴走行為をしていた若者たちが熱心にエイサーを演じていた。これを見て、エイサーには若者を惹きつける魅力があることに気づいた目取真は、若者たちのエネルギーが発露できる場、感動の場を生み出そうという目的で太鼓グループ実行委員会の結成を思い立った。季節にかかわらず活動できて、男性による太鼓の演技を基本とする。さらに、伝統エイサー的要素に現代的な要素を加味したものを創ろうという構想であった。しかしこの構想は、当時はなかなか理解されず、実現までには10年かかった。その間、地道なイベントを積み重ね、徐々に周囲に理解者を育てていった。

1982年11月、沖縄市内の青年会から目取真の趣旨に賛同する若者が集まって「祭り太鼓実行委員会」を結成した。当時の主な活動の場は各地の観光イベントであった。こうして沖縄各地に支部が結成され、輪が広がっていった。女性からも参加の希望が増え、大太鼓を叩くことを女性にも開放した。作品作りにおいても、従来のエイサーとは大きく異なる大胆な発想で取り組み、ポップ・ミュージックや琉球古典芸能、空手の要素も導入した。1987年に沖縄で開催された海邦国体を契機に、団体名を「琉球國祭り太鼓」と改めた。その後、日本本土や

創作エイサーＬＵＣＫ(宜野座村)の演舞風景

撮影：仲間勇太氏

海外にも次々と支部を設け、今日に至るまで活発な活動を繰り広げている。

１９９０年代以降は、「琉球國祭り太鼓」の影響を受けて他の創作エイサー団体も続々と登場した。１９９５年の沖縄の観光立県宣言以降、観光客誘致を目的とした大規模イベントに、これらの創作エイサー団体が積極的に関わるようになっていったのである。

沖縄では２０１１年以降、世界エイサー大会が継続的に開催されてきている。ここでは、創作エイサーのコンテストであるグランプリ部門が設けられて、県内諸チームの他に県外チーム、さらには海外チームも参加してステージ上のパフォーマンスにしのぎを削っている。それまでの創作エイサーの傾向として、屋外の大規模イベントにおいて多人数によるパフォーマンスを行うところに特徴があった。しかし世界エイサー大会では、そうした傾向とは一線を画し、10名~40名という比較的少人数の精鋭メンバーによる完成度の高いパフォーマンスを実現するという方向性が追求されている。こうしたパフォーマンスにおいて、伝統エイサーの様式が踏襲されるのはもちろんであるが、それにとどまらず沖縄各地の民俗芸能の要素や現代的ダンスの様式も積極的に導入し、伴奏曲にも多様な音楽を援用している。このように現代の創作エイサーは、エイサー文化を語る上で欠かすことのできない独特の存在感を発揮しているのである。

伝統的な青年会エイサーは、民俗芸能としての本質を保持しつつも、戦後のエイサーコンクールを通じて不特定多数の観客に「見(魅)せる」パフォーマンスとしての表現力を拡大してきた。いっぽう1980年代以降に登場した創作エイサーはさらに新たな要素を付け加え、県外、海外にまで活動領域を広げている。現代におけるエイサーの状況は、こうした「世界文化」と言えるほどの広がりを持つと同時に、沖縄の内と外において「エイサーとは何か? どうあるべきか?」という問いを巡って多様なあり方を模索しているのである。

「国頭《くんじゃん》サバクイ」——沖縄の木遣り歌

沖縄の民謡の目立った特徴として、労働歌、作業歌が少ないということがある。日本本土の民謡なら、たとえば田植唄、田草取り唄、麦刈唄、麦搗唄、糸紡ぎ唄、地曳網唄、馬追唄、杭打唄……というように、ありとあらゆる仕事、作業の工程に関わる民謡が存在する。その裾野の広がりを明らかにすることは、これまでの日本民謡研究の重要な目的のひとつでもあった。

ところが、沖縄ではなぜか労働歌、作業歌が少ない。ここでその理由を明らかにすることはできないが、そのめずらしい事例が今回取り上げる「国頭《くんじゃん》サバクイ」である。沖縄を代表する木遣り歌であり、首里城を建てるために使われる材木を山原《やんばる》（沖縄本島北部）の山から切り出し海岸まで運ぶ折に歌われた歌である。発祥は国頭村奥間とされ、1600年前後に生まれたと言われている。法螺貝や指笛ではやしたてながら陽気な労働歌を歌うことで、過酷な作業の疲

国頭村奥間の国頭サバクイ(1974年)

写真提供：東京藝術大学民族音楽ゼミナール

れを癒やして気持ちを高めたという。ちなみにサバクイ（捌理）とは、琉球国時代の地方役人の役職名である。

三重県の伊勢神宮では、式年遷宮といって20年に一度社殿の建て替えが行われ、そのための材木運搬のために各地で歌われる木遣り唄が有名である。では首里城を建てるために材木を運ぶ機会はこれまでにどれほどあったのだろうか。琉球国の王都の中心であった首里城正殿はこれまでに5回焼失している。近代以降、1945年の沖縄戦、2019年10月の焼失を別にすれば1453年、1660年、1709年にも焼失している。「国頭捌理」は、おそらく1660年か1709年の焼失後の再建時に成立したのではないか。それなら、「1600年前後に生まれた」という伝承ともさほど矛盾しないと考えられる。

国頭村奥間の国頭サバクイ(1974年)

写真提供: 東京藝術大学民族音楽ゼミナール

奥間地区では、「国頭サバクイ」はウシレーク(臼太鼓)に続いて演じられる。女性による集団円陣舞踊であるウシレークと、男性が主導的役割を果たし演劇的な要素を交える国頭サバクイは、芸能としては別種のものだが、実際の場では連続して演じられる。まず捌理役(男)が下役に人々を集めるよう指示を出し、ウシレークを踊っていた女性たちが集まったところから木遣り歌が始まる。歌に合わせて捌理役は斧を振り下ろす所作を行い、青年たちは木の上で互いに棒を打ち合わせ、女たちは材木にかけた綱を引いたり手巾を振ったりする。このあとは材木を引き下ろす作業に移行する。最後に全員が材木とともに広場(舞台)から出て終わる。

国頭サバクイで歌われる歌詞を紹介してみよう。

ハニガラエーイ　エイサーエーイ　ハニガラエーイ　エイサーエーイ

1. 国頭《くんじゃん》捌理《さばくい》　ユイシーユイシー
酒飲《さちぬ》でぃ捌理《さばくい》

ハイルレーハーラーレ　ユサ　ハリガユイササ　ハイハイ（以下ハヤシ略）

2. 国頭《くんじゃん》山《やま》から　出《ん》じゃちゃる御材木《うぜむく》
3. 北之御殿《にしぬうどぅん》ぬ　御材木だやびる
4. 長尾山《なごー》樫木《ぢ》や　重《うぶ》さぬ引からん
5. 老《う》いてぃ若さん　皆肝《ちむ》合わちょてぃ
6. 鏡地浜《かがんぢばま》から　載《ぬ》したる御材木《うぜむく》

（訳　1. 国頭捌理、酒を飲んで捌理が　2. 国頭の山から切り出した御材木
3. 北の御殿の御材木であります　4. 長尾山の樫木は重くて引けない
5. 老いも若きも皆心を合わせて　6. 鏡地浜から（船に）載せた御材木）

このように、国頭地方の山から材木を切り出し、船が出る鏡地浜まで材木を運ぶ様が歌われている。この前に演じられるウシレークでは《首里天《すいてぃん》ぢゃなし》や《虎頭山《とぅらじやま》》の歌詞におい

宮古島市下地与那覇ヨンシー(2011年クイチャーフェスティバルにて)

て、琉球国王の威光をたたえ国家の繁栄を願っている。首里城建築用の材木運搬を芸能化した「国頭サバクイ」と内容的に繋がるのである。

この国頭村奥間の「国頭サバクイ」は、沖縄本島各地やさらには宮古にまで伝わり、「ヨンシー」という名で現在でも歌い踊られている(宮古島市下地与那覇、城辺保良)。沖縄本島からかなり遠方の宮古にいつどのようにして伝わったのかはいまだ明らかにされていないが、首里城への材木を運ぶ労働・作業を芸能化した演目として各地で親しまれている。また最近では沖縄の創作エイサー団体も「国頭サバクイ」を舞台作品化している。こうして沖縄の木遣り歌の心は、現代にまで脈々と受け継がれているのである。

八重山のアンガマ

――帰還する祖先神との交流

沖縄県の南端に位置する八重山の島々では、旧盆（盂蘭盆）のことをソーロン（精霊）と呼ぶ。島によっては、この時期にアンガマといって、顔を笠や手拭いで覆い隠した青年男女の一行が集落の家々を歌い踊りながら巡り廻るのである。一行の先頭にはウシュマイ（爺）とンミ（婆）と呼ばれる老人の面を付けた存在がいて、各家で人々と数々の問答を行う。この老人は旧盆にムラに還ってきた先祖の代表すなわち祖先神であり、それに続く一行は祖先神に従う精霊たちでもあるのだ。

一行は各家を訪れると、まずウシュマイとンミが願詞を唱えたのち、念仏歌《親の御恩》に合わせて踊る。その後は数々の歌舞を繰り広げる。それらの合間にウシュマイとンミが周囲で見守る群衆と機知を尽くした問答を繰り広げ（これはすべて裏声で行われる）、それによって人々

石垣市登野城のアンガマ（2018年）

に人生の教訓を教え諭して、また次の家へと移っていく。

石垣市登野城には300年近く前に作られた木製の面が伝わる一方で、「戦前までは竹皮や紙で作った面を使用していた」という言い伝えもあるようである。また鳩間島のソーラン（盂蘭盆）には、ウシュマイやンミは現れない。これらを考えると、もともと庶民のムラにはウシュマイ、ンミは存在しなかったところに、士族居住地域で行われたアンガマの影響を受けて導入された可能性も考えられる（阪井芳貴氏説）。

アンガマの中で歌われている念仏歌について、近代の八重山文化研究を先導した喜《き》舎場永珣《しゃばえいじゅん》は、登野城村の宮良善勝が上原目差を務めていた1800年頃、首里へ公用に赴いた際に首里のアンニャムラでチョンダラーから念仏を習い、それを八重山に持ち帰り改作したものだとしている（『八重山民謡誌』）。

これに対して最近の宗教史研究では、八重山の念仏歌は宮良親雲上長重によって那覇から伝えられたものであり、これらはチョンダラー系統のものではなく袋中上人の系統を引く浄土宗念仏であったとしている（新城敏男氏説）。ここではこれらの学説の細部には立ち入らない。しかし、アンガマで最もよく歌われる《親の御恩》と、沖縄本島でチョンダラーが伝承していた念仏は、詞章のうえでかなり共通点が多いのも事実である。

ここで、八重山の島々のアンガマで広く歌われる《親の御恩（無蔵念仏節）》の一節を紹介してみよう。

親ぬ御恩は深きむぬ　父御ぬ御恩は山高さ　母御ぬ御恩は海深さ
山ぬ高さやさばかりん　海ぬ深さんさばかりる
昼は父御ぬ足が上　扇ぬ風に扇がれて
夜は母御ぬ懐に　十重も二十重も衣装が内（以下略）

（喜舎場永珣『八重山民謡誌』）

波照間島のムシャーマ行事の念仏踊り（2003年）

　このあと、自分を慈しみ育ててくれた父母との死別と、一人残されて押し寄せる愛惜の思いが切々と歌われていく。念仏とは言っても仏教にとどまらず、儒教や道教からも影響された孝養思想が表われているといえるだろう。

　八重山諸島最南端の波照間島では、旧暦7月ソーリ（盆祭）の中の日（14日）にムシャーマという行事が行われる。この中で仮装行列、棒、太鼓、ニンブチャー（念仏踊り）、舞踊、狂言、獅子舞とさまざまな芸能が繰り広げられる。ニンブチャーは午前中最後の演目であり、昔はムシャーマに参加した人全員でこのニンブチャーに参加してから解散するのが決まりであったという。現在では、棒、太鼓の演じ手が二重の円を作って回りながら踊り、中央で公民館役員と棒、太鼓の師匠達が銅鑼、笛などに併せて《親の御恩》を歌う。石垣島に近い小浜島では旧暦7月の盆の期間には念仏踊りが行われ、北集落で「じるく」、南集落で「みんまぶどぅる」と呼ばれている。13日から16日の間は先祖供養をし、念仏経文や念仏踊りが演じられる。この間、他の島には見られないほど多くの念仏歌が歌われる。このように八重山の島々にはアンガマ以外にもソーロンで念仏を歌う行事が広がっていて、島ごとに多様なあり方を見せている。

旧盆の時期に地域の青年たちが念仏歌を歌いながら各家を巡るという習俗は、沖縄本島においてもエイサーの最も初源的な形として残っている。八重山のアンガマも基本的にはそれと同じ形式に則っているわけだが、そこに翁・媼と人々との問答という要素が導入され、後生(あの世)から訪れた祖先神一行と現世の子孫たちの間で交流が繰り広げられているのである。

奄美大島のショチョガマ・平瀬マンカイ
――夏の節目の稲霊招来

奄美では旧暦8月の初丙《ひのえ》をアラセツ（新節）、その後の初壬《みずのえ》をシバサシ（柴挿）と呼び、一年で最も重要な節目（折目）となっている。これにドゥンガ（シバサシ後の甲子）を加えてミハチグヮツィ（三八月）と呼ぶ。アラセツやシバサシは、たんに奄美にとどまらず南島の島々に広範囲にひろがる夏の大きな節目の行事である。この夏の節目、区切りの時期に後生（あの世）から戻り来る先祖の霊を歓待する一方で悪霊を祓い、家屋の厄災を祓い清める。そのために奄美各地で行われるのが八月踊り《はちぐゎつぃうどぅい》という太鼓輪踊りで、これを踊りながら地域の家々を廻るのである（43頁）。

奄美大島北部に位置する龍郷町秋名のショチョガマ・平瀬《ひらせ》マンカイは、旧暦8月のアラセツ

龍郷町秋名のショチョガマ（2010年）

に行われる行事であり、１９８５年に国の重要無形民俗文化財に指定されている。両行事ともかつてはこの地域一帯に分布していたが、現在では秋名（幾里を含む）でしか見られなくなっている。

ショチョガマは、山の斜面に作られた仮屋を揺り倒して豊作を乞い願う行事である。ショチョガマと呼ばれる仮屋は、アラセツの前日までに集落西側の山の斜面に組み立てられる。アラセツの早朝、男性のグジと呼ばれる男性の役がショチョガマの先端で稲魂《にゃだま》の招来を祈願する。ショチョガマの上には集落の男性や子供達が寄り集まり、「ヨラ、メラ」というかけ声に合わせて揺り動かす。これが男達の太鼓による歌声と交互に数度繰り返され、日の出と共に

龍郷町秋名の平瀬マンカイ(2010年)

ショチョガマは揺り倒される。その直後、倒されたショチョガマの上で男性だけの八月踊りが踊られる。この行事は稲魂の招来によって豊作となり、収穫した稲の重みで仮屋が倒れるさまを予祝的に表すものと言われている。

アラセツの夕方、集落の浜辺で平瀬マンカイが行われる。これは浜辺にある岩上で歌い祈り稲霊を呼び寄せ豊穣を乞い願う行事である。二つの岩のうち、西の神平瀬には白装束をつけた女性達、東の女童《めらべえ》平瀬には数人の男女が上がり、《平瀬マンカイの歌》を交互に掛け合い歌う。この時、海の彼方から稲霊を招き寄せるような手の所作を行う。この手の所作を「マンカイ」という と言い伝えられている。歌が終わると女童平瀬の上で八月踊りを数曲踊る。次に一同は二つの岩から浜に降り、集落の諸役も交えて再び八月踊りを踊る。その後は集落の人々が互いに持ち寄ったご馳走をつまみながら（一重一瓶）、家族や友人同士でハマオレの宴を楽しむ。日が暮れる頃には公民館前に移動し、集落の人々を交えて夜遅くまで八月踊りが踊られる。

かつては早朝のショチョガマは子供と男性のみ、夕方の平瀬マンカイはノロを中心とする神女達が主体となって執り行ったという。

ここでショチョガマ・平瀬マンカイで歌われる歌詞を紹介してみよう。

朝潮《あさしゅ》満上《みちゃ》がりや　しょちょがまのお祝《よべ》
夕潮《よねしゅ》満上《みちゃ》がりや　平瀬《ひらせ》お祝《よべ》
（訳：朝潮の満上がりはショチョガマのお祝い　夕潮の満上がりは平瀬のお祝い）

玉《たま》ぬ石登《いしぬぶ》てぃ　何《ぬ》ぬ祝《ゆわ》えとぅりゅり
西東《にしひぎゃ》ぬ稲魂《にゃだま》　招《まね》き寄《ゆ》しぃろ
（訳：玉の石（岩）に登って　何のお祝いをしましょう　西東の稲魂を招き寄せましょう）

龍郷町秋名：平瀬マンカイでの八月踊り（2010年）

最初の歌詞では、ショチョガマと平瀬マンカイが朝と夕方という時間的な対比として歌われている。秋名の人々にとって「ショチョガマ＝朝方＝山の行事＝男性中心」、「平瀬マンカイ＝夕方＝海の行事＝女性中心」という二元的対比として構造的に理解されているわけである。次の歌詞では、平瀬マンカイの目的が「にゃだま（稲魂＝穀霊）」の招来にあることが歌われている。ショチョガマ行事の中でも稲魂を呼び寄せる祭文が唱えられることから、両行事ともに稲魂の招来が重要な目的となっていることがわかる。

ところで、現在では秋名にのみ残っているショチョガマ・平瀬マンカイ行事は、かつてはかなり広い範囲で行われていたという。それらの情報を整理すると、ショチョガマ系の行事は、薩摩藩政時代は名瀬間切（現在の龍郷町も含まれた）のかなり多くの場所で行われていた。それに対して平瀬マンカイ系の行事は、東シナ海側の3地区に限られていた。つまりショチョガマと平瀬マンカイとは分布の範囲が異なっていたのである。こうした分布範囲の相違から、両行事は本来別系統の祭りであったこと、そして秋名においても最初から朝と夕方の「対」の行事として存在したのではなく、ある時点で両行事が「対」であるかのように統合されたことが想像できるのである。

また両行事の根幹には八月踊りが深く関わっている。ショチョガマでは八月踊りの《アラシャゲ》と同じ旋律が歌われる。また岩上で歌われる《平瀬マンカイの歌》は、同系の旋律が奄美大島各地の八月踊りで《祝《ようぇ》付《っ》け》、《おぼこり》等と呼ばれ、重要な儀礼的意味を帯びて歌われている。こうしたことは、ショチョガマ・平瀬マンカイ行事が、奄美における八月踊りの成立と展開に関して重要な鍵を握っていることを示唆している。

旧暦8月という南島の夏の節目にあたって、秋名のショチョガマ・平瀬マンカイというたぐいまれな行事を糸口として、奄美文化の始原の姿についてより深く追求してゆくべきと考えている。

豊年祭

――夏の節目を祝う祭り

沖縄では旧八月十五夜前後に、多くの地域で祭りが行われる。この祭りは「豊年祭」と呼ばれることが多い。しかし「豊年祭」とは、日本本土から伝わった言い方であり、沖縄で昔からあった呼び名ではない。この祭りはいったい何のための祭りなのかについて考えてみたい。まず祭りの名称についての方言呼称を見てみると、沖縄本島北部では村踊《むらうどぅい》り、本島中部では村遊《むらあし》び、また宜野湾市近辺では廻遊《まーるあし》び（数年に一度開催されることに由来）と呼ばれている。また沖縄本島南部一帯では、旧八月十五夜の綱引きを行った後に舞台上で数々の芸能を上演する地域も多い。

また注意しておきたいのは、こうした芸能づくしの祭りが行われるのは、必ずしも八月十五夜に限ったことではないということだ。名護市の東部地区（旧久志村）では旧7月の盆前後に村踊《むらうどぅい》りとして数々の芸能を演じる。本島中部の読谷村、沖縄市、旧石川市の一部地域では旧

7月16日にハタスガシといって地区の象徴となるムラ旗をたなびかせた後にエイサーや獅子舞その他の芸能を演じている。本島南部の南城市（旧佐敷町、知念村）の一部では旧7月16日をヌーバレーと称して、多くの芸能を舞台で上演する。宮古諸島の多良間島では、旧八月十五夜以前の三日間を八月踊りと称して舞踊、狂言、組踊といった芸能の数々を仮設舞台で演じる。八重山諸島の島々では、旧暦6月から9月にかけて、豊年祭《ぷーる》、節祭《しつ》、結願祭、種子取祭《たなどぅい》といった名称で多くの祭りが執り行われる。神女の御嶽《おん》での祈願に続いて御嶽前に設置された仮設舞台上で数々の芸能を演じるのである。

日本民俗学を大成した柳田國男《やなぎたくにお》は、古代日本では1年が夏至と冬至によって二つの時期に区切られていたと考えた。日本本土では、冬至を中心として12月から1月にかけての一連の年越し行事が重要視され、「霜月神楽」をはじめとして多くの祭りがこの時期に行われている。それに対して、沖縄では夏至に始まる夏期の節目を1年の重要な区切りと考えてきた。このことは「沖縄の夏正月」とも呼ばれている。時間的には大雑把に捉えて、「沖縄では旧暦の6月から9月までを夏の大きな区切りとしてきた」と考えたほうがよい。沖縄の夏の節目に来たるべき年の吉凶を占う（年占：としうら）大綱引きも、時期は地域によって旧6月下旬、旧7月盆後、旧八月十五夜前後とかなり幅がある。前述したように豊年祭のような芸能づくしの祭りも、実施の時期は地域ごとにずいぶん幅があるのである。

名護市源河の豊年祭

撮影・写真提供：名護市教育委員会

現在の豊年祭のような祭りは、地域の人々が心を一つにしてさまざまな芸能を舞台上で繰り広げ、五穀豊穣、子孫繁栄、地域の安寧を願う、いかにも豊年の祝いにふさわしい祭りとなっている。

しかし祭りの根源的な意味を考えてみると、夏の重要な節目の時期にこの世とあの世の境界が曖昧となり、多くの先祖霊がこの世に戻ってくる（それらの先祖霊を歓待する習慣は次第に整えられて旧盆行事として確立する）。それと同時に、人々に歓迎されない多くのさまよえる餓鬼、悪霊などもこの世に押し寄せてくる。それらをシバ（沖縄本島ではススキ）を用いて追い払（祓）い、家族の心身に危害が及ばないように「祓い清める」ことが、これらの祭りの本来の姿ではないかと考えられるのである。

南城市知念知名のヌーバレー（2016年）

さて豊年祭に戻ると、多くの地域では、公民館前の広場に仮設舞台（沖縄ではこれをバンクと呼ぶ）を設ける。女性神役による地域の拝所への祈願などを済ませた後、この舞台の上でまず「長者の大主《ちょうじゃぬうふしゅ》」が演じられる。老人姿の長者が一族郎党を引き連れて現れ、神に五穀豊穣と子孫繁栄、地域安寧を祈願する。その後、列席する子や孫たちに順々に歌舞を披露させる。その後長者は他界（ニレー、ギレーなど）の神から五穀の種を授けられる場合もある。

この演目の後は、地域の人々が総出となって古典舞踊や組踊《くみうどぅい》、雑踊《ぞううどぅい》、民謡、沖縄歌劇、沖縄芝居などさまざまな出し物を演じていく。まさに地域の人々にとっては数年に一度の大きな娯楽であり、地域の子供たち、孫たちの成長を確認できる貴重な機会となっているのであ

八重瀬町富盛十五夜祭りの女行列(ヨンシー)(2009年)

る。

ところで、いま列挙した古典舞踊や組踊、雑踊、沖縄歌劇、沖縄芝居などが、これまで紹介してきた種々の祭りに取り入れられたのはそれほど古いことではない。古典舞踊や組踊は近世琉球期に成立した芸能であり、本来は首里城周辺に居住する士族(サムレー)階級のためのものであった。近代(1879年の琉球処分)以降、那覇の街中には誰でも入場できる芝居小屋が作られ始め、この芝居小屋で士族層の芸能が一般庶民にも鑑賞され広まっていった。さらにそこから雑踊(各地域の民謡曲に庶民の風俗を振付た踊り)や沖縄歌劇、沖縄芝居などが続々と生み出され、古典芸能と同じく沖縄各地の祭りの中に取り入れられていったのである。

これまで紹介してきた沖縄各地で夏期に行わ

八重瀬町富盛の唐人行列

れる芸能づくしの祭りの根源には、夏の節目にあたり厄災を祓い清める目的がある。さらにそこに五穀豊穣、子孫繁栄、地域安寧などを願う思いが重なっていることを心に留めて、これらの祭りの意味と意義をさらに考えてゆきたい。

マムヤとむちゃ加那
——沖縄・奄美における悲劇の女性伝説と歌

奄美から沖縄本島、そして宮古、八重山の島々には多くの悲しい女性の伝説が伝わっている。これらの島々に暮らす人々にとって、まだ文字もないはるかな昔から、「歌」とは衝撃的な出来事や皆で共有したい感情を心に留めるための、さらには後世に遺し伝えるための唯一の手段であった。いわば、歌とは出来事を人々の心に保管する記憶装置でもあった。

ある悲劇的な結末を迎えた女性がいた。その女性のこと、事件のことは皆で決して忘れず、後世に伝えていかなければならない。そのために事件を「歌」として残す。人々はその歌を歌い、聞くたびに、女性の悲しい生涯を哀れみ、慟哭し、女性の魂に哀悼の思いを捧げる。歌が歌い継がれることで、その女性は人々の心の中に生き続けるのである。

ここでは、島々に伝わる悲劇的女性の伝説歌から、宮古と奄美の二つの例を紹介してみたい。

宮古島東平安名崎　マムヤの墓とされる大岩

●宮古諸島：平安名《ぴやうな》のマムヤ伝説

昔、宮古島東端の東平安名崎に近い保良《ぼら》村に、マムヤという美しい女性が暮らしていた。多くの男たちが求婚に言い寄ってくるので、マムヤは突然姿を隠してしまった。ある日、城辺一帯を支配している野城《ぬぐすく》按司が平安名崎の近くの海に行き、家来達と網で魚を獲っていた。すると岬の崖を少し下りたところの洞窟から機を織る音が聞こえてくる。野城按司はその洞窟に入り、マムヤと出会う。野城按司はその美しさに見とれて求婚するが、なかなか承諾されない。そこで芭蕉糸つなぎと石垣積みの勝負を申し込む。野城按司は家来らの助力によって勝ち、美しいマムヤを妻にする。しかし、按司には既に妻子がいた。「将来のことを思えばニフニリ（香草）の香りがするマムヤより、糞尿の香りがしても本妻の方がいい」と諭されてマムヤを見捨てる。絶望したマムヤは断崖絶壁から身を投げ自らの命を断った。それを知った母親は「再びこの村に美人が生まれないように……」と神に祈った。マムヤが身につけていた衣が岩の端に引っかかり、北風が吹くと南になびき、南風が吹くと北へなびいて、人々の哀れをさそったという。

宮古民謡《平安名のまむや》（宮古島市城辺）歌詞の一部

ぴゃうなぬまむや　あらむまりあぱらが
ぬぐすくあじぬ　さじやまばうが
しとぅむてぃんなぴゃーしうき　あきしゃるんなともしょーき
（訳：平安名のまむや（女名）新生まれの美人が
　野城〈地名〉の按司が　サジ山〈地名〉の王が
　早朝には早く起き　明け方にはともしょーき〈未詳〉）

この物語は伝説的な形を取っているが、芭蕉糸つなぎと石垣積みの勝負、香草の香り（マムヤ）

と糞尿の匂い（本妻）の対比など、昔話的な要素も持っているのが興味深い。また求婚を拒絶する機織り美女というテーマは、奄美に伝わる「思い松金」説話（日光に感精して神の子を産む）との共通性も伺わせる。マムヤの形見の衣が「北風が吹くと南になびき、南風が吹くと北へなびく」という部分など、沖縄本島の稲作生産叙事歌である《天親田《あまうえーだ》》（102頁）とも共通する南島歌謡の類型な表現である。

●奄美諸島：うらとみ・むちゃ加那《かな》伝説

奄美大島の南西にある加計呂麻島池間《いけんま》に住むうらとみは、絶世の美女であった。島に着任した薩摩の役人は、その評判を聞いて自分のアンゴ（役人の島妻）となるように迫った。それを断ると、うらとみの一家は役人からさまざまな迫害を受けた。ついに一家はうらとみを小舟に乗せ、海へと流すことにした。舟は喜界島の小野津近辺に漂着した。うらとみはある百姓の家に世話になり、やもめであったその男と夫婦となり、やがてむちゃ加那という女の子が産まれる。うらとみの実家ではその噂を聞いて喜び、材木を喜界島に送り、家を建ててあげた。やがてむちゃ加那はうらとみにも勝る美しい娘に成長したが、次第に女友達にねたまれるようになる。ある時、友達から海岸での青苔採りに誘われたが、その最中に誰かに海に突き落とされ溺れ死んでしまう。うらとみは狂ったように娘を探し廻った末に、むちゃ加那を追って海で自死した。

ムチャ加那の碑

奄美大島民謡《むちゃ加那節》歌詞の一部

きょらさうまりりば　どぅしににくまりてぃ　どぅしににくまりてぃ
きむちゃげぬむちゃかな　しゅなみにひきゃさりてぃ　しゅなみにひきゃさりてぃ

（訳：美しく生まれれば　友達に憎まれて　可哀想なむちゃ加那は　潮波に引かれて［溺死した］）

このうらとみ・むちゃ加那も、奄美大島や喜界島各地で八月踊りや島唄《しまうた》（三線伴奏の民謡）として広く歌われている。実際に喜界島は極端に木が少ない島で、近世期には隣の奄美大島を通り越して加計呂麻島との間で材木などの交易が行われていたという。うらとみが喜界島に漂着する物語には、こうした奄美の交易状況も反映しているのである。

今回紹介した二つの伝説歌の他にも、八重山の野底《ぬすく》マーペーを歌った《ちんだら節》、宮古の《八重山鬼虎《やーまうんとぅら》ぬアーグ》、奄美大島の《かんつめ節》など、悲劇的な女性の生涯を歌った民謡は数多くある。皆さんもこれらの歌にぜひ耳を傾け、そこに刻まれた女性たちの生涯に思いを馳せていただきたい。

※宮古民謡《平安名のまむや》は、三隅治雄監修『甦える沖縄の歌ごえ　宮古・八重山諸島編』（日本コロムビア　COCF10553〜4　1993年）で聴くことができる。
奄美民謡《むちゃ加那節》は、いまも奄美島唄でよく歌われる曲である。

玉城金三の活躍

——芸能を地域に伝えた異能の人

芸能は、時に異能を持つ人物の働きが、極めて広い範囲に影響を及ぼすことがある。戦前期に沖縄本島北部地域にさまざまな舞踊や芸能を伝えた玉城金三という人物がいる。玉城金三（1878年首里寒川生、1957年没）は、俗称を黄金山《クガニヤマー》という。陸軍歩兵軍曹として日露戦争へ出征し、その後名護間切（現名護市）へ移住した。彼は明治・大正時代を通じて首里と那覇の街の中間にあった寒川芝居《スンガー》の役者としても知られていた。名護に移住後は一時期役者を廃業したと伝えられるが、後々になって名護市字城で三人芝居の興行を行うなど再び芸能界に復帰した。

こうした舞台での芸能活動と副業としていた金細工のかたわら、大正末期から昭和初期にかけては大宜味村、東村、羽地村（現名護市羽地地区）の村々を廻って多くの舞踊や彼独特の創作芸能を伝授して歩いた。一例を挙げると、名護市東部の辺野古では、1931年頃から太平洋戦争後にかけて玉城金三を招聘したことによって多くの舞踊曲の演目を彼から伝授されている。「七福神」、「俄仙人」、「千代千鳥」、「松竹梅」、「鶴亀」などが代表的な演目である。その一方で副業である金細工の技術を活かして、小道具や衣装の仕立てまで指導したという。彼が指導・伝授した舞踊の特徴は、芝居的要素を導入して創作された打組踊《うちくみおどり》である。また各地に伝わる同名の舞踊曲でも、すべて細かな部分の型を変えており、各々の地域独特の演目として完成させたという。さらに玉城は舞踊だけではなく、琉球古典音楽でも独特な節回しの歌三線を指導するなど芸能の才にたけた人物であった（『辺野古誌』1998年参照）。

沖縄の民謡研究家仲宗根幸市氏は、玉城金三の足跡について次のように述べている。

クガニヤマー（註：玉城金三）は若いころからアンニャムラに通い、スンガー芝居の一員となり、名優渡嘉敷守良師匠の高弟であった。そんなことからクガニヤマーは、首里のスンガー出身ながら人々に蔑視されてきたチョンダラーたちを理解し、彼らの多彩な芸に惚れ込み、スンガー芝居の出身芸人として1950年代まで、やんばる（註：沖縄本島北部地域）で指導普及にたずさわってきた。そういう意味では、最後のチョンダラー芸人といってよい。やんばるに日本本土の祝福芸やチョンダラー芸を伝承し、各村落の豊年祭に定着させた功績は大きい。

（仲宗根幸市『恋するしまうた　恨みのしまうた』より）

名護市呉我の「京太郎(義民)」

撮影：名護市教育委員会

ここで仲宗根氏が言うように、はたして玉城金三が寒川芝居において渡嘉敷守良（当時の名俳優として沖縄じゅうに知れわたっていた）と師弟関係であったかどうかについて、確かな証拠はない。しかし渡嘉敷守良本人の自伝によれば、渡嘉敷は1896〜97年頃「首里観音堂前の小屋」すなわち寒川芝居で一座を旗揚げしたということなので、そこに寒川生まれの玉城金三が団員として参加あるいは入門していたのであれば、渡嘉敷守良から直接教えを受けたことは不思議なことではない。また仲宗根氏によれば、玉城金三とチョンダラーとの直接的な繋がりは明らかではないという。現在、民俗芸能として知られている沖縄市泡瀬のチョンダラー（京太郎）や宜野座村字宜野座の京太郎は、この寒川芝居で舞台化されていた演目を伝授されたことから始まったと言い伝えられている。本来は旅巡りのチョンダラー達が巡遊先の各地で演じていたチョンダラー関連芸能が、寒川芝居において舞台作品化されていたことは確かであろう。であれば、たとえ玉城金三の出自がチョンダラーと関わりがなかったとしても、当然これらのチョンダラー関連の演目に習熟していたことが推測できる。

玉城金三は現名護市域の広い範囲にわたって芸能の指導を行ったことが分かっている（名護市教育委員会の調査による）。その概要をまとめると以下のようになる。

・名護地区東江　組踊の指導
・名護地区城　舞踊を指導、「京太郎（義民）」を伝授（その後廃絶）
・羽地地区真喜屋　舞踊「松竹梅」の指導
・羽地地区仲尾次　踊りのほとんどを指導（1917〜1930）、組踊「銘苅子」（1948）
・羽地地区仲尾　芝居、劇を指導（1919、1925）
・羽地地区呉我　舞踊の指導（1914）、「京太郎（義民）」（1914）を指導・伝授
・屋我地地区我部　舞踊「高平良万歳」を指導
・久志地区辺野古　舞踊を指導（1931〜1947）、「蝶千鳥」「鶴亀」「俄仙人」「七福神」「松竹梅」など

名護市辺野古の「俄仙人」

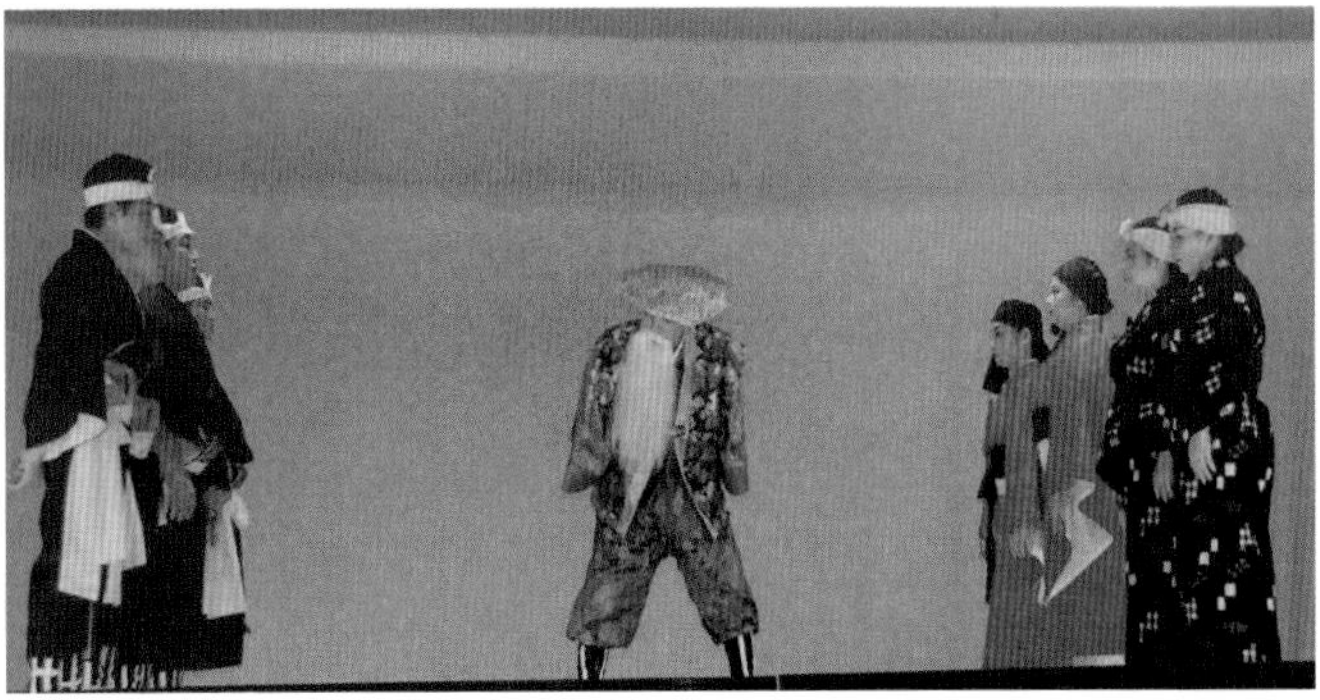

これら以外にも、東村有銘、大宜味村謝名城・田嘉里、国頭村浜にまで芸能の指導が及んでいたことが言い伝えられている。このように玉城金三は、大正初期から昭和前期にかけて広範囲にわたって創作舞踊や数々の芸能を指導・伝授した。彼が各地に伝授した演目の中でも、名護地区城、羽地地区呉我の「京太郎（義民）」は、他地域のチョンダラー関連芸能には見られない琉球念仏が含まれている点で注目すべきものだ。チョンダラー文化に関心を持つ者にとっては見逃せない事例といえる。

このように、玉城金三という「特異な」人物は、尋常ならざる情熱を持って多くの地域に舞踊やチョンダラー関連芸能を教え伝えた。それによってこれらの地域における豊年祭や村踊りの演目がたいへん豊かなものとなり、今日でも私たちを楽しませてくれているのである。

《天親田》と《ティルクグチ》

——島々に伝わる稲作生産叙事歌謡

沖縄の島々には広く開けた土地がなく、大規模な稲作にあまり適していない。それにもかかわらず近現代まで、沖縄のほとんどの村々では稲作が行われていた。たとえば名護市羽地地区などはターブックヮ（田袋）と称されるほど有名な稲作地帯であった。ところが1962年に勃発したキューバ危機による世界的な砂糖価格の高騰の結果、沖縄の多くの農家が稲作を捨ててサトウキビ生産に転換した。そのため現在の沖縄県では、石垣島などごく限られた地域でしか稲田が見られなくなっている。

日本民俗学を大成した柳田國男は、最晩年の著作『海上の道』（1961年）において次のような壮大な仮説を提示した。今の日本人のもととなった人々（原日本人）は、当時貨幣としての価値があった宝貝を求めて中国大陸南部から八重山・宮古・沖縄・奄美の島々を北上し、さらにその先の日本本土へと移動していった。その時に稲種を携え、稲作技術を島々の各地に伝えていった。それゆえに、いまも琉球列島の各地に「久米」、「古見」など稲に関わる地名が残っているのだとした。

日本の民俗芸能の重要なジャンルに「田楽」がある。これは稲作に関連する芸能の総称として民俗芸能研究者の本田安次《ほんだやすじ》が提唱した概念である。その中に「田遊び《たあそ》」という芸能がある。これは正月の祭りの中で稲作の諸過程を演じるもので、苗代への種まきから、牛（人が扮する）による代掻き、田植え、田の草取り、稲刈り、収穫した米による餅つき、というように実際の稲作から収穫に至るまでの過程を演劇的に演じるのである。これを年の初めに行うことで、感染呪術的効果により豊年豊作を請い願う芸能と考えられ、日本全国に広く分布している。ところが沖縄や奄美の島々には、この田遊びにあたる芸能が存在しない。その一方で、歌の中で稲作の諸過程を描写する儀礼歌謡が各地に存在している。

沖縄県南城市玉城の字仲村渠《なかんだかり》では、旧暦1月初午の日に百名《ひゃくな》地区にある受水走水《うきんじゅはいんじゅ》と呼ばれる拝所（湧水）の前の田圃で田植え行事が行われ、その時に《天親田《あまうぇーだ》》という儀礼歌謡が歌われてきた。この歌の内容を少しだけ紹介してみよう。

天人《あまみつ》が始《はじ》みぬ　エー天親田《あまうぇーだ》ヨーカミヌアチャガユイ
浦《うら》田《た》原《ばる》巡《みぐ》やい　エー天親田《あまうぇーだ》ヨーカミヌアチャガユイ
泉《いずみ》　口悟《さとう》やい　湧《わく》ぬ口　悟《さとう》やい　（以下略）

このように神であるアマミツが各地を巡って泉口を探し出すことから始まり、その後はアマミツが田圃を開墾して田植えを行い、次第に稲穂が生育する描写が続く。そして稲刈りをして豊作となり、収穫した米でミキ（神酒）を作り、米倉が並んで屋敷のご主人様、奥様を喜ばせるという内容が50節以上にわたって展開される。

沖縄に伝わる神話では、稲作はアマンチュ（アマミツと同義、沖縄一般ではアマンチュ、奄美ではアマミキョと呼ばれる）が沖縄本島各地の御嶽《うたき》（聖地）を巡り、最終的に受水走水の地を選んで稲作を始めたと言われている。その一方で玉城の地域には鶴が運んできた稲穂をアマミツが受水走水の田に移して育てたという話も語り継がれている。いずれにせよ、神として崇められるアマンチュ＝アマミツが沖縄の稲作の始まりに大きく関わるとされているのである。人々はこの歌謡を歌うことで、日本本土の「田遊び」と同様に、祭りにおいて来たる年の稲の豊作を幻視し、アマミツ神の恵みを確信したに違いない。

沖縄本島北部の伊平屋島、伊是名島には《ティルクグチ》という歌謡が伝わっている。夏の

南城市玉城百名の受水走水（右奥）と天親田

祭りの際に、かつては人々がこの歌謡を歌って地域の家々を巡っていたという。私が実見した伊是名島字仲田では、旧暦8月に行われる豊年祭の深夜に公民館の舞台上に地区の人々が集まり歌われていた。この歌謡も70節を超える長詩型歌謡だが、先に紹介した《天親田》と同じく、神が田圃を開墾し、田植えを行い、次第に稲穂が生育し、稲刈りをして豊作となり、神酒を作り米倉が並ぶという情景が歌われている。また《ティルクグチ》の中にはテルクミ・ナルクミという神名が登場するが、これは奄美の島々の儀礼歌謡に登場するテルコ神・ナルコ神と呼ばれる神であり、アマンチュとは異質の神観念だと思われる。伊平屋島の田名《だな》には、むかし奄美諸島北東部に位置

伊是名島仲田区豊年祭でのティルクグチ歌唱(2013年)

する喜界島のノロが乗った船が難破して伊平屋島に漂着した際、島の人々に助けられたお礼にこの歌を教え伝えたという伝承がある。伊平屋島、伊是名島、そして奄美諸島の与論島、沖永良部島は、今帰《なき》仁城《じんぐすく》に拠点を置いていた「北山《ほくざん》王国」（琉球国統一以前の北部勢力）の政治的・文化的影響下にあったとする「北山文化圏」説も存在している。《ティルクグチ》という歌謡をめぐる伝承は、あるいはこの説を補強する有力な材料となる可能性もある。

　こうしたことを考えると、伊平屋島・伊是名島に伝わる《ティルクグチ》は、「琉球国」という政治的・文化的まとまりとは異質な、北方奄美との神観念的・文化的な繋がりを示している可能性がある。しかし、稲作の諸過程を長々と歌い継ぐ「生産叙事歌謡」（小野重朗）という点では、沖縄本島南部の《天親田》とも深い共通性を持っているのである。

《天親田》や《ティルクグチ》のような稲作生産叙事歌謡は、かつて柳田國男が想い描いたような、私たちのはるかな祖先（原日本人）の足跡の痕跡を留める、貴重な手がかりなのかもしれない。

※《天親田》や《ティルクグチ》の歌詞は、『南島歌謡大成1　沖縄篇 上』（角川書店　1980年）、『日本民謡大観　沖縄奄美　沖縄諸島篇』（日本放送出版協会　1991年）、『伊是名村史　下巻』（伊是名村　1989年）、『やんばるの祭りと神歌』（名護市教育委員会　1997年）などで読むことができる。
《天親田》は、三隅治雄監修『甦える沖縄の歌ごえ　宮廷音楽・沖縄本島編』（日本コロムビア　COCF10551～2　1993年）で聴くことができる。

《あじそえ》と「諸屯」

——琉球と奄美、歴史と歌舞のあいだ

奄美大島の八月踊り（43頁）の中に、《あじそえ》という曲がある。

按司添《あじそえ》がみ船《ふね》やよ　渡中《となか》乗《ぬ》りじゃしゅらばよ
波やうち添《そ》えて来《き》ゆり　風やまんま真艫《まとも》かや
あの浜に招《ま》んきょたさ　この浜に招んきょたさ
あの浜につけろかや　この浜につけろかや
笠利《かさん》浜につけろかや　辺留《べる》浜につけろかや

（以下略、奄美市笠利町城前田八月踊りより）

この曲のハヤシ詞は「ヤイキュラキュラ　ヤイキュラ　ヤイキュキュラ　シャンクルメ　シャンクルメ」という親しみやすいもので、大島各地に広がっている曲である。ただし歌詞の音数律は５５５型であり、琉歌形式８８８６型や近世小唄調７７７５型の歌詞が圧倒的に多い八月踊りの中では異例の曲となっている。

沖縄本島の臼太鼓研究に大きな業績を上げた故小林公江氏の研究によると、沖縄の臼太鼓にもこの八月踊り《あじそえ》と同系曲が多く見いだせる。例を挙げると、恩納村仲泊《なかどまり》では曲名が特徴的なハヤシ詞に由来して《さんくぬめー》と呼ばれている。うるま市勝連《かつれん》平敷屋《へしきや》の《思《うむ》たんて》では「按司添前船ぬ　渡中押し出りば」と、奄美八月踊りと同じく「按司添《あじそえ》」の船出が歌われている。さらに小林氏は、この系統は古典音楽の《清屋節《ちゅらやぶし》》まで繋がるとしている。つまりこの曲は、奄美から沖縄まで北部琉球文化圏に広く伝播した旋律なのである。

沖縄の古歌謡集『おもろさうし』に頻出する語「按司襲（添）」とは、他の按司（地方豪族の長）を襲う＝支配する者、すなわち琉球国王のことである。たとえば７６２番おもろに「按司襲《あぢおそ》いぎや親御船《おやおうね》　押し浮《おう》け数《かず》　守《まぶ》りよは」と、国王の船出の情景を歌う語句が出てくる。さらに次のようなおもろもある。

第十ありきゑとのおもろ御さうし　５５４
聞《きこ》へ押笠《おしかさ》　鳴響《とよ》む押笠　やうら　押《お》ちへ　使《つか》い
又　喜界《ききゃ》の浮島《おきしま》　喜界の盛《も》い島《しま》
又　浮島にから　辺留笠利《ひるかさり》かち
又　辺留笠利から　中瀬戸内《せとうち》かち
又　中瀬戸内から　金《かね》の島《しま》かち

（以下略、外間守善『おもろさうし』上　岩波文庫　２０００年）

ここでは神女「押笠《おしかさ》」が奄美諸島北東部の喜界島から奄美大島の辺留笠利（現：奄美市笠利町東海岸）に至り、奄美大島南西部の瀬戸内（現：瀬戸内町）を経て徳之島、沖永良部島、与論島、沖縄本島へと航海する情景が歌われている。まさに先の八月踊り「あじそえ」と同じく、奄美の島々の沿岸を航海する「琉球側の視線」を持っているのだ。

ここで沖縄・奄美の歴史を振り返ると、第一尚氏最後の尚徳王（在位１４６１―69年）は１４６６年に自ら２千人余の軍勢を率いて喜界島討伐をした。琉球国はその後も奄美大島討伐

奄美大島北東部と喜界島（中央奥）

を数回行っている。尚清王時代（在位1527―55年）の1537年には、与湾大親《ゆわんうふうや》（沖縄の名門である馬氏《ばうじ》の祖）が讒言にあい琉球軍に攻められて自害している。尚元王時代（在位1556年―72年）の1571年には、王自らが大島に赴き叛徒を討伐するが病となり、法司官馬順徳の必死の祈祷により回復している。

　これらの度重なる奄美大島討伐は、琉球国の船が中継貿易で東南アジア一帯を往来した16世紀になっても、いまだ奄美大島近辺には琉球国に完全には服属しない勢力が残っていたことを示唆している。近年考古学界で注目を集めている喜界島城久《ぐすく》遺跡群（最盛期は11～12世紀頃）は大和政権の南島経営の拠点であったとされている。奄美大島に残存する反琉球勢力も、この喜界島を拠点とする勢力と何らかの繋がりを保っ

琉球古典舞踊「諸屯」

写真提供：比嘉いずみ

ていたことが想像できる。
尚清王時代には、琉球の正史に書かれない奄美大島討伐の話も奄美側に伝わっており、この時には焼内（現宇検村）の名柄八丸や加計呂麻島諸鈍の豪族兄弟が琉球軍に討たれたとされる（昇曙夢《のぼりしょむ》『大奄美史』）。この討伐の真偽は定かではないが、こうした話が伝えられる背景として、琉球軍による奄美大島への度重なる侵攻や駐屯があったことは確かであろう。このような政治的、軍事的状況のもとに、沖縄でもよく知られた次のような琉歌が生まれたのだろう。

諸屯《しゅどうん》長浜《ながはま》に打ちゃり引く波の　諸屯女童《みやらび》の目笑らひ歯ぐち

（訳：加計呂麻島諸鈍浜に打ち寄せては返す波は、諸鈍の娘たちの笑う目と歯口のようだ）

諸屯女童の雪のろの歯ぐち　いつか夜の暮れてみ口吸わな

（訳：諸鈍の娘たちの真白な歯と口元に、夜が暮れたら口づけしたいものだ）

さらには古典女踊りでも抒情表現の極致である「諸屯《しゅどうん》」や、異色の打ち組み舞踊「しよんだう節《しゅんどう》」も生み出された。「しよんだう節」は美女二人と醜女二人がユーモラスに交流する様が振付られた舞踊だが、先の琉歌が二首とも歌いこまれている上に、醜女役には仮面が

琉球古典舞踊「しよんだう節」

写真提供：沖縄県立芸術大学

使用されている。想像をたくましくすれば、これまで見てきたような歴史的推移のなかで、加計呂麻島の諸鈍シバヤ、瀬戸内町油井《ゆい》の豊年祭、与論島の十五夜踊など、奄美諸島各地の仮面を使用する芸能からなんらかの影響を受けたか、あるいは何らかの繋がりを持ってこれらの舞踊が成立した可能性はあるだろう。

このように歌や踊りは、各々の時代の社会的、歴史的背景を土壌として咲く花のように生み出されていくのである。

諸鈍シバヤ「高き山」（2014年）

諸鈍シバヤ「スクテングヮ」（2014年）

《赤田首里殿内》と《弥勒節》
——沖縄に伝わる弥勒の歌

４００年余続いた琉球国の王都であった首里には《赤田首里殿内《あかたすんどぅんち》》という歌が伝わっている。

赤田首里殿内《あかたすんどぅんち》　黄金灯籠《くがにどぅる》提《さ》ぎてぃ
うりが明《あか》がりば　弥勒《みるく》お迎《うんけー》へ

（訳：首里赤田の首里殿内に黄金の灯籠を提げて　それが明るくなると弥勒様のお迎えだ）

この琉歌調（８８８６）の歌詞の後には「シーヤープー　シーヤープー　イーユヌミー　イーユヌミー　ミーミンメー　ミーミンメー　ヒージントー　ヒージントー」という不思議なハヤ

シ詞が続いている。この部分を児童たちが体の動作を伴って歌うことから《赤田首里殿内》は童歌《わらべうた》ともされている。「赤田首里殿内」とは、沖縄の信仰体系の頂点である聞得大君《ちふぃじん》に次ぐ3人の高級神女のひとり首里大アムシラレが居住した首里殿内《しゅんどぅんち》のことであり、そこには弥勒様《みるく》が祀られていた。「弥勒」とは、仏教において釈迦入滅の56億7千万年後に兜率天からこの世へ下り人々を救済するといわれる弥勒菩薩のことである。首里の赤田では、毎年旧7月16日に弥勒祭りが執り行われ、布袋《ほてい》様のようにふくよかな弥勒様が首里の街中を練り歩くのである。この「弥勒」の由来について、次のような話が伝わっている。

今から300年前、首里殿内から派遣された求道長老《ぐどぅちょうろう》は「たい国」に渡って王に会い、琉球の信仰などの諸問題について相談したところ、王から釈迦、孔子、弥勒、何れを信仰したいかと聞かれた。求道長老は、琉球国は小さいので平和を祈るため弥勒を信仰したいと答えた。そこで弥勒を「たい国」から持ち帰り、毎年7月に首里殿内で祭りを行うようになった。ある年首里に伝染病(天然痘、麻疹)が流行し多くの患者が出たが、赤田の村では一人の患者も出なかった。これは弥勒様のお蔭であると、その後赤田の村全体が弥勒の信仰を申し出て、首里殿内と赤田の村が共催で祭りを行うこととなった。廃藩置県後首里殿内が他の殿内と共に天海寺に併合された後は、求道長老に管理させたとのことである(『那覇市史　民俗編』1979年)。

いっぽう、八重山諸島にも《弥勒節》が伝わっている。

大国《だいぐく》ぬ弥勒《みるく》　八重山にいもち　おかきぶせみしょり　島ぬ主《あるじ》

（訳：大国の弥勒（菩薩）様が八重山にいらっしゃり　お治め下さい　島の主様）

八重山では島々の祭りの中でこの歌が歌われるとともに、ふくよかな表情の仮面を被ったミルク神が出現する。

石垣市登野城のミロク神の由来について、八重山文化研究の先駆者である喜舎場永珣《きしゃばえいじゅん》は次のように記している。黒島首里大屋子《しゅいうふやく》職の大浜用倫が1791年に公用で首里上国の際、登野城村の新城筑登之《あらぐしくちくどぅん》が随行した。帰途中、暴風雨のために船は安南《あんなん》に漂着した。そこでは弥勒の祭りが行われており、その由来を聞いた大浜用倫は弥勒面と衣装を譲り受け、琉球に戻った。しかし首里滞在を命じられたので、弥勒の祭りを新城築登之に託して八重山に伝えさせた。これが現在登野城に残されている弥勒の面だという（喜舎場永珣『八重山民謡誌』）。

このように喜舎場永珣は具体的な年代と人名まで挙げて由来を説明している。しかし話の粗筋は先に紹介した首里の弥勒出来譚にとてもよく似ている。また八重山の《弥勒節》では、「シーヤープー」以下のハヤシ詞は歌われないが、それ以外のメロディーの骨格は首里《赤田首里殿内》とほぼ同じである。

首里赤田町のミルク行列(2017年)

撮影：新城和博

小浜島結願祭に現れるメーラク(弥勒)（2018年）

八重山では、《弥勒節》以外にも《どんぎゃーら》(新川)、《すんきゃらユンタ》(大浜)、《とんちゃーま》(竹富島)などの歌の中に「ミルク」という神名が登場する。これらは長歌形式の歌謡であり、歌詞が琉歌形式である《弥勒節》よりもさらに古い時代に成立したと考えられる。他の歴史記録からも、八重山の島々の祭祀に弥勒信仰が取り入れられた年代は喜舎場永珣の説よりもさらに古い可能性があり、大浜用倫によって弥勒が招来されたという話は何らかの政治的な意図によって作られたのではないかという説（加治工真市氏）もある。

琉球列島全体で考えると、琉球の古歌謡集『おもろさうし』の中にも「みろく（弥勒）」という語句は現れる（『おもろさうし』巻七・三二）。そのことから、琉球へ弥勒信仰が伝わったのはかなり古い時代と考えられる。それは八重山にも伝わって「ミルク」という語が《どんぎゃーら》（新川）などの歌に取り入れられた。そしてさらに首里の弥勒信仰において成立した歌《赤田首里殿内》と由来譚が八重山に伝わり、それが《弥勒節》および八重山固有の「弥勒」招来話に改変されたと考えるのが自然ではないだろうか。

日本民俗学を大成した柳田國男は『海上の道』（1961年）の中で、日本において弥勒信仰が盛んな北関東の鹿島地方と八重山諸島の事例を紹介し、両者の弥勒信仰は海上の道で繋がる可能性を示唆した。民俗学者の宮田登も『ミロク信仰の研究』（1975年）においてこの柳田説を紹介しつつ、さらに細かな検討を加えている。それにもかかわらず、沖縄と日本本土の弥勒信仰の繋がりはいまだ十分に解明されたとは言い難い。

琉球沖縄や八重山の歴史の流れの中で、弥勒の招来はさまざまな謎を残している。しかしながら島々の祭りの中で今日まで歌い継がれ、信仰され続けているのである。

《うりずんグェーナ》、「かせかけ」
——女が布を織り、男を守る歌舞

沖縄も4月を過ぎると、暖かく湿った南風の吹く日が増え、日差しがさらに強くなり、いよいよ夏の到来を予感する季節となる。沖縄ではこの旧暦2、3月頃の時期を指して「うりずん」という。この初夏を意味する「うりずん」という語は沖縄の古歌謡集「おもろさうし」にも現れる古語であり（「おれづむ」、「おれづも」と表記される）、沖縄の風土に基づく長い歴史と深い文化的背景を持つ言葉なのだ。

15世紀初頭から19世紀後半まで450年にわたり琉球国の王都であった首里では、女性たちの間で首里《すい》クェーナという歌謡が伝えられていた。これは女性たちの夫や息子が公務で中国や大和（日本本土）に出かけている間、彼らの旅の安全と健康を祈願するために歌い踊られてきたものだ。これを琉球沖縄音楽研究の先駆者山内盛彬《やまうちせいひん》が記録に残し、彼の著作（『琉球王朝古謡秘曲の研究』）によって私たちはその姿をうかがい知ることができる。

その首里クェーナの中に「うりずんグェーナ《うりづぃんぐわぃにゃ》」という曲があり、士族の女性が夫や男子のために布を織り衣を仕立てる過程を詳細に歌った内容となっている。その歌い出しは、

うりじんが初《はつ》が苧《う》　若夏《わかなち》か真肌苧《まはだう》

（訳：うりずん、初夏の頃に繁茂する苧麻《ちょま》の茎から糸を取って）

と始まる。これに続いて二十読、三十読（「読」とは織り幅に入る縦糸の密度を表す単位）と紡ぎ車に紡ぎ、綛枠《かしわく》（糸を巻き取るH型の道具）に操り、良い日を選んで機に掛けて布を織り始め、3日4日と織り上げ、織り上げた布を井戸で濯ぎ、竿に提げて乾かし、布を畳んで砧に置いて練り上げ、良い日を選んで着物に仕立て、里之子《さとぬし》（琉球国位階制度で王に仕える士族の若者の呼称）が大和（日本本土）奉公に行く御衣として、それを召して百二十歳までもの長寿を願い、お願いしたらそのように実現する……というように、衣を織り上げ着物を仕立てる具体的な作業工程を数十節にわたって歌い継いでいくのである。これはまさにこれまで何度か紹介してきた生産叙事歌謡の形式であり、女性たちが夫や男子のために衣を織りながら、同時に旅の安全や健康、長寿を

祈願する思いを込めた歌謡なのである。

本書の「海神祭」（8頁）で紹介した沖縄本島大宜味村謝名城《じゃなぐすく》に伝わるウンガミ（海神祭）行事においては、次のようなウムイ（神歌）が歌われてきた。

あたい苧《う》の中子《なかぐ》　引《ひ》き晒《さら》し晒し　大和《やまとぅ》めるうみきゃが　どんす袴《ばかま》

（訳：辺り苧麻の繊維を取って引き晒して、日本本土に出かける思い兄者の胴衣と袴を仕立てよう
※神送りの直前にウドゥンマー〈御殿庭〉でのウムイとして歌われる）

これは名前こそウムイとは呼ばれているが、形式的には８８８６の琉歌《りゅうか》形式となっている。そして、先に紹介した《うりずんグェーナ》の長々とした内容をぎゅっと縮めたものとなっている。ここに、長編叙事歌謡の連綿と展開される内容を短く凝縮した抒情歌謡としての琉歌が成立しているのである。

《うりずんグェーナ》や謝名城《ウドゥンマーでのウムイ》は、女性が愛する夫や息子の旅の安全や健康を祈願する気持ちを、機織りや衣の仕立て作業に込めたものである。このような女性が男性を心中の思いによって霊的に守護するという沖縄の文化を、日本民俗学では「おなり神《がみ》信仰」と呼ぶ。沖縄の言葉ではウナイ（おなり）は姉妹を指す。姉妹《うない》が兄弟《えーり》を霊的に守護

首里クェーナの実演風景

提供：首里クェーナ保存会

するという思想が根本なのであるが、人間生活の遥かな積み重なりの中で、次第に妻が夫を守護する、あるいは女性が愛する男性を想うという意味も獲得していく。

ちなみに、日本古語では「いも」が、男性から見て妻、恋人、姉妹とかなり広い意味領域を持つ。このことからも、おなり神信仰は沖縄にとどまらず日本文化の根源にも通底しているのである（この問題については柳田國男著『妹の力』などを参照していただきたい）。

沖縄には、このおなり神信仰における兄弟・姉妹関係と、妻・夫関係という対立構図における葛藤を表した次のような話が伝わっている。

船が遭難した際に妻は救助したがその

琉球古典女踊「かせかけ」　踊り手: 奥平由依

姉妹を救えなかった男が、島で非難されたという話を聞いた。妻は再婚すればまた得られるが姉妹はそうはいかない、というのがその理由であった。ここには、夫婦よりも兄弟姉妹関係を優先させるウナイ神信仰に連なる思想がある。（赤嶺政信『シマの見る夢　―おきなわ民俗学散歩』ボーダーインク　１９９８年）

沖縄の文化の中でも、男から見て妻と姉妹のどちらの絆を優先するのか、という人生の根本的な問題がこの話の中に露呈しているのである。

琉球古典女踊りの中に「かせかけ《かしかき》」という曲がある。抽象的な表現が多い琉球舞踊の中では珍しく、女性が愛する人のために布を織る作業を舞踊的所作によって表現する演目となっている。踊り手は綛枠《かしわく》という機織りの糸を巻き取る小道具を持って踊る。その歌詞内容を紹介してみよう。

【出羽《んじふぁ》（干瀬節《ふぃしぶし》）】※入場の踊り
七読《ななよ》みと二十読《はてぃん》　綛掛けて《かしかきてぃ》置《う》きゅて《てぃ》　里《さとぅ》が蜻蛉羽《あけじばに》　御衣《んしゅ》よすらね《ゆしらに》
（訳：七読みや二十読みの細かい綛を掛け準備して、貴方の御衣を蜻蛉の羽のように薄く織りましょう）

【中踊り《なかうどぅい》（七尺節《しちしゃくぶし》）】
枠の《わくぬ》糸綛に《いとぅかし》　繰り返《くぃかい》し返し《がい》
掛けて《かきてぃ》面影の《うむかじぬ》　勝て《まさてぃ》立《た》ちゅさ
綛かけて《かしかきてぃ》伽や《とぅじ》　ならぬもの《ならんむぬ》さらめ《み》　繰り返《くぃかい》し返し《がい》　思ど勝る《うみどぅましゅ》
（訳：糸巻きの枠に糸を繰り返し巻き付けていくにつれ、貴方の面影がますます立ちます
糸作り作業で貴方への思いを紛らわそうとするが、枠に糸を繰り返し巻き付けていくにつれ、思いは増すばかりです）

歌詞内容は、現在の琉球舞踊の世界では女性が夫あるいは恋人を想う恋の歌として解釈されるのが通例である。しかしこの背景には、先に紹介した《うりずんクェーナ》と同じく、おなり神信仰があると思われる。これらの歌詞に歌われた機織り作業の描写には、女性が機織りをしながら兄弟（あるいは夫や愛する人）を霊的に守るという観念が根底に流れている。特に語句が「七読みと二十読」、「繰り返し返し」と反復されることで、呪的な効果がいっそう高められていると解釈できるのである。

琉球沖縄の歌謡として、姉妹（あるいは妻）が兄弟（あるいは夫や子）のために布を織り上げながら守護する願いを込めた生産叙事歌謡がある。またそれが抒情歌謡としての琉歌の形に凝縮し、さらにその琉歌に基づいて舞踊的な表現が創り上げられてきた。こうした展開の奥底には、姉妹・妻が兄弟・夫を霊的に守護するおなり神信仰が脈々と息づいているのである。

※「うりずんグェーナ」の歌詞は『南島歌謡大成Ⅰ　沖縄篇 上』、『山内盛彬著作集第二巻』などで読むことができる。

《安里屋ユンタ》——古謡から節歌、新民謡へ

沖縄の歌として全国的に最もよく知られているのは《安里屋《あさどや》ユンタ》であろう。しかしこれは昔から地域で伝えられてきた民謡ではなく、沖縄県南端の八重山諸島に伝わる古謡を元に昭和初期に創作された新民謡なのである。「新民謡」とは、大正期から昭和初期に創作された民謡調の歌謡のことで、当時勃興し始めた流行歌の一大潮流ともなった。新民謡《安里屋ユンタ》は古謡《安里屋ユンタ》を元に昭和９（１９３４）年に創作され、日本コロムビアからレコードが発売された。その歌詞の一部を紹介してみよう。

一、サ　君は野中の　いばらの花か　サーユイユイ
　　暮れて帰れば　ヤレホンニ　引き止める　マタハリヌ　チンダラカヌシャマヨ

二、サ　嬉し恥ずかし　浮名を立てて　サーユイユイ
主は白百合　ヤレホンニ　ままならぬ　マタハリヌ　チンダラカヌシャマヨ
（以下略）

この全国的にもよく知られた標準語による歌詞は、録音にあたって八重山の詩人星迷鳥《ほしめいちょう》により作詞された。旋律と伴奏の編曲は沖縄師範学校の音楽教諭であった宮良長包《みやらちょうほう》が手がけた。戦前宮良は沖縄各地の民謡を元に多くの歌曲を創作した戦前沖縄を代表する音楽家であった。戦前期の日本を代表する作曲家山田耕筰との交流もあった。

では新民謡《安里屋ユンタ》の元となった古謡《安里屋ユンタ》とはどのような歌なのであろうか。ユンタとは、八重山諸島において庶民が農作業や共同作業（ユイマールという）の際に、主に男女の交互唱によって歌われた労働歌である。地域によってジラバと呼ぶことも多くユンタ・ジラバと称されることが多い。竹富島を舞台として歌われた古謡《安里屋ユンタ》の歌詞を少し紹介しよう。

古謡《安里屋ユンタ》
一　ヤーあさどやぬ　くやまに　ヨーサユイユイ

あんちゅらさまりばし　ヨーマタハリヌ　チンダラカヌシャマヨ（ハヤシ　以下略）
二　いみしゃから　あふぁりまりばし　くゆさから　ちゅらさしぃでぃばし
三　みざししゅーぬ　くよたら　あたりょやぬ　ぬずみょーた
四　みざししゅーや　ぱなんぱ　あたりよーや　くりゃゆむ
（訳：安里屋のクヤマ〈人名〉は　小さい時から美しい生まれで
　彼女に目差主〈役人〉が求婚した　当り親〈役人〉が望んだ
　私は目差主はいやだ　役人の妾は嫌いだ）（以下略）

このように長歌形式の物語が男女の交互唱によって連綿と歌われていく。内容は、八重山諸島の竹富島にある安里屋（屋号名）の美しい娘クヤマが島の役人に求婚された。しかし後々のことを考えると、島の男を夫にした方がよいといって断った。クヤマに断られた役人はその腹いせに、帰宅途中に出会った別の娘と所帯を持った、という話が続いていく。こうした役人が村娘を求める話は八重山に限らず沖縄各地に伝わっていることから、琉球国時代には実際によくあった話だと思われる。横暴に権限を振りかざす役人に対して庶民側の抵抗、反骨の精神を表現した歌とも解釈できるだろう。

古謡《安里屋ユンタ》、節歌《安里屋節》の舞台となった竹富島

いっぽう八重山には、三線《さんしん》の伴奏で歌われる節歌《ふしうた》というジャンルがある。近世琉球期以来、首里から八重山に士族層によって三線が伝わり、八重山の島々に古来から伝えられてきたユンタ・ジラバなどの古謡が、次第に三線伴奏で歌われるようになっていった。琉球古典音楽の影響も受けることで、古謡の明朗で軽快な曲調が、優美で荘重な曲調へと変化していく。こうして成立した節歌は、八重山諸島における古典的な美意識に支えられた歌謡であるという意味から「八重山古典民謡」という呼び方も使われている。古謡《安里屋ユンタ》を元として節歌《安里屋節《あさどやぶし》》も生み出された。古謡と比べると、より洗練されたなだらかなメロディーラインの歌となっている。

先に述べた新民謡版《安里屋ユンタ》は、戦前のレコード発表以来、戦後から今日に至るまで実に多くの沖縄内外の歌手・音楽家によって演奏され、数多くのレコードが発売されている。高橋美樹氏（高知大学）の調査によれば、これまでに130種類ものレコードが制作されているという。その中には、星迷鳥作詞の歌詞からさらに独自の替え歌で歌われているものも多い。

70年代以降、日本のニュー・ミュージック界を牽引した音楽家細野晴臣も、後のワールド・ミュージック・ブームを先取りするかのように《安里屋ユンタ》を手がけている（細野晴臣&イエロー・マジック・バンド《安里屋ユンタ》LP『はらいそ』1978年）。

沖縄が日本に復帰した1972年以降、ポピュラー音楽のスタイルで沖縄らしさを表現する沖縄ポップという音楽ジャンルが立ち上がり、喜納昌吉&チャンプルーズ、知名定男、りんけんバンド、ネーネーズなど多くの音楽家やグループが登場した。これら沖縄ポップの音楽家たちも新民謡《安里屋ユンタ》に各々独特の味付けを加えて歌い続けている。

沖縄最南端の八重山において古謡《安里屋ユンタ》が育まれた。それを元に首里の三線文化の影響が加わって節歌《安里屋節》が成立した。さらに近代以降、古謡を編曲した新民謡《安里屋ユンタ》がレコード発売され、日本本土の人々にも広まり親しまれた。そのメロディーは、現代沖縄ポップの音楽家たちにも受け継がれているのである。

※新民謡《安里屋ユンタ》および節歌《安里屋節》は、『SP盤復元による沖縄音楽の精髄　下』（日本コロムビア　COCJ－30862　2000年）で聴くことができる。
※古謡《安里屋ユンタ》は、三隅治雄監修『甦える沖縄の歌ごえ　宮古・八重山諸島編』（日本コロムビア　COCF10553～4　1993年）で聴くことができる。

沖永良部島の「島建《しまだて》シンゴ」——世界創成の叙事歌謡

沖縄の北方に位置する奄美諸島の南から二番目の沖永良部島には、「島建《しまだて》シンゴ」という特異な歌謡が伝承されてきた。これは沖永良部島の南西端、知名町屋子母《やこも》集落のユタ（奄美沖縄の民間巫者）の家系である高田家に代々伝承されてきた長編歌謡である。それを島在住の民俗研究者先田光演《さきたみつのぶ》氏が、1960年代半ばに高田カネ氏から聞き取り、学会に報告したことで奄美・沖縄文化研究の世界に大きな衝撃を与えた。この成果は『沖永良部島のユタ』（1989年）として一書にまとめられている。

この歌謡の内容は、奄美諸島北部・喜界島の民俗研究家岩倉市郎《いわくらいちろう》氏がかつて『おきえらぶ昔話』の中で「島建国建」として収録したものと同じであるが、先田光演氏の調査によって、400節を超える長大な「島建シンゴ」の全容が明らかとなったのである。この壮大な世界創成の物

「島建シンゴ」が伝承されてきた沖永良部島

語は、日本古代の古事記・日本書紀中に記されているイザナギ・イザナミによる国産み神話にも匹敵すると評価され、発見以来奄美・沖縄の歌謡・文学・神話の研究者にとどまらず、日本古代文学の研究者たちにも注目され、いまでは琉球文学・歌謡中の至宝と位置付けられている。

ここで「島建シンゴ」のあらすじを紹介してみよう。石の王と金の君との間に生まれた男の子は、両親に名前をもらえなかったため、天に昇って太陽の神に名前を付けてもらい、島クブタ国クブタとなった。また太陽の神の教えに従い住処とする島々を貰いに海の彼方のニルヤ島に行く。ニルヤの大主（スントゥヌ）も島クブタ国クブタ（以下、島クブタと略記）と名付け、島々国々を大潮八潮に命じて作ってくれた。しかしこの島は波間に漂う浮島であったため、島固めに島釘国釘として北の端に白石3個、南の端に黒石3個を載せた。これで島は固まったが、北から南から波が打ち越えてきた。潮垣として石垣を積み、浜葛やアダンなどを植えて、やっと島々が整った。次に島クブタは畠を作り、泉川を掘り、村々を建てた。島々には嶽アムトを造り、鎮守の森とした。さらに蜜柑や花、ガジマルや蘇鉄などさまざまな植物を挿し植えて島垣を作った。

これらの準備が終わると、島クブタは人種を貫いに、また天の宮に昇って行った。太陽の神は、兄と妹を造ってこの2人から人種（人間）を広めよと教えた。島クブタは兄妹を造り3年の歳月が経ったが、一向に人種は広まらない。太陽の神が、兄を風上に妹を風下に置き夜の追風で交合させよと教えた。その通りにするとやっと人種（人間）が生まれてきた。

人間が誕生すると今度は食べ物が必要となった。太陽の神は、9、10月の新祭穂祭が済み次第、吹出穂花を思うがままに採るがよいと仰せになった。ところがいつの間にか鼠が穂花を盗み取ってしまった。島クブタは太陽の神の怒りに触れてクシントーバルに打ち落とされてしまった。目腫れ口腫れて瀕死の島クブタを孔雀と鶴が捜し当て、生水をかけ鞭で叩くと、島クブタが「朝寝、昼寝をしていた」と生き返った。島クブタは改めて新祭穂祭の済んだ物種をもらい受けて島に降りてきた。この物種を霜月に大田に油を入れて蒔き込めば、2、3月の頃には繁々と育ち、それを田に植え付けると7月の盆の頃には稲の豊作となった。この初穂は天のノロや火の神に奉り、その残り穂を食べて人間は生きていけるようになった。

以上、400節超に及ぶ「島建シンゴ」のあらすじをざっと紹介した。この物語の主役である島クブタは石の王と金の君との間に生まれる。このあたりは仙石から生まれた孫悟空との類縁性を連想させる。これは地球の始原的状態としての鉱物質・金属質的世界を暗示しているのであろうか。また「島クブタ国クブタ」という名称は二体を表すのではなく一体の神的存在を表している。これは南島歌謡に頻繁に見られる対句的表現であり、この歌謡中に登場する海上他界のニルヤ・ハナヤ（沖縄一般ではニライ・カナイ）、沖縄の始祖神アマミチュー・シルミチュー（奄美ではアマミキョ・シネリキョ）や、テルコ神・ナルコ神などにも同様に見られる表現である。そしてこの島クブタは神の助力を得ながら島々や嶽々、さらに人間までも創成してゆく。島々の創成過程については、たんに沖永良部島だけではなく日本本土から奄美諸島の島々、沖縄本島と周辺離島、さらには宮古・八重山から唐の島（中国大陸）まで広がって描かれている。まさに沖永良部島を中心としながらも、琉球から日本、東アジアにまで及ぶ壮大な世界観が提示されている。また兄妹を風上・風下に置き交合させて人種（人間）を増やすところなどは、日本神話のイザナギとイザナミによる国産み神話との関連性も想起させる。

島クブタは生み出した人間の食物のために稲の穂花を得ようとして神の怒りに触れ、いちど

シーサーズによる「島建てシンゴ」演奏風景（2020年１月）

写真提供：シーサーズ

は殺されてしまう。このあたりは古事記において兄弟たちにいじめ殺された後に再生する大国主命ともイメージが重なってくる。また、島クブタの再生に孔雀と鶴が関わるのも興味深い。沖縄の稲作生産叙事歌謡《天親田《あまうぇーだ》》には、創世神アマミツによる稲作の事始めに鶴が関与する伝承がある。稲の物種をもらい受けた後の稲の生育過程の描写も、前に紹介した稲作生産叙事歌謡と密接に関わると思われる（102頁参照）。

このようにさまざまな点において奥深い内容を持っている「島建シンゴ」を、現代に再び甦らせたのが、長年奄美・沖縄に伝わる民謡の発掘に取り組んできたシーサーズである。シーサーズは沖永良部島の高田カネ氏が伝承し先田光演氏が採録した「島建シンゴ」のメロディーを元として、そこに三線、ヴァイオリンや打楽器他を加えた編曲をほどこし、さらに内容の理解を助けるアニメーションを付け加えて上演を行っている。

昔とはすっかり生活様式が変わってしまった現代社会において、かつて奄美・沖縄の島々に伝えられていた口承文化の一端に触れるのは至難の業である。しかしシーサーズの試みは、知的な探求にもとづく復元によれば、それも不可能ではないと思わされる作品となっている。シーサーズの「島建てシンゴ」を通じて、時代や場所の制約を超えた奄美・沖縄文化の「永遠性、普遍性」を現代の若い人々にもぜひ体験していただきたい。南島の島々に伝わる数々の口頭伝承の文化は、日本文化の根源を考えるうえで欠かすことができない。さらに南島文化と日本文化の根源における共通性と多様性について、驚くほどの豊穣さと深遠さを私達に垣間見せてくれるのである。

沖縄・奄美の民俗芸能にみる性別と歌唱法
――島々の踊り歌を例として

これまで沖縄・奄美の島々に伝わるさまざまな祭りや歌、芸能について紹介してきた。ここではそれらの中から、特に各地の踊り歌を例にとって男女の役割分担や歌い方（歌唱形式）の問題について考えてみたい。

【事例1】奄美諸島北部の八月踊り（43頁参照）

奄美大島では旧8月のアラセツ、シバサシ行事や八月十五夜を中心として、地域の老若男女によって八月踊りが踊られる。踊り方には、ヤサガシ（家探し）といって集落の各家を廻り踊る方法と、公民館などの広場で踊る方法がある。踊りは男女で半円ずつ輪を組み、男女各々の歌のリーダーが相手の歌う歌詞を聞き、即座にそれにふさわしい歌詞を歌い出すと、一同がそれに唱和して歌う。こうして意味内容が連なりを持って男女の歌掛けが進んでゆくのである。歌詞は沖縄と同様の琉歌形式（8886）が大勢を占めるが、曲によっては本土系の歌詞（7775）もよく歌われる。太鼓は奄美独特の楔型太鼓が使われる。

【事例2】奄美諸島南部の遊び踊り

沖永良部島和泊町手々知名《てでちな》の遊び踊りは、盆や八月十五夜、十月十五日の機会に踊られてきた。沖縄の臼太鼓と同様、女性を中心として締太鼓を叩きながら斉唱で歌い踊られる（かつて太鼓役は男性が務めることが多かったという）。踊られる曲は、奄美系の曲と沖縄系の曲が入り混じっている。歌詞は琉歌形式（8886）が中心である。ちょうど奄美の八月踊りと沖縄本島の臼太鼓の中間のスタイルを表している。

【事例3】沖縄本島の臼太鼓（13頁参照）

沖縄本島各地では、1年で最も重要な区切りとなる夏の祭りにおいて、地域の女性たちが円陣を組み、太鼓を打ちながら臼太鼓（発音はウシデーク、ウスデーク、ウシンデークなど）を歌い踊る。かつてムラ（地域共同体）に生まれた女性は一定の年齢に達すると必ず臼太鼓に参加した。つま

鹿児島県大島郡奄美市笠利町笠利一区の八月踊り

鹿児島県大島郡和泊町手々知名の遊び

り臼太鼓が地域の女性のイニシエーション（加入儀礼）の役割を担っていた。沖縄本島全域の臼太鼓を見渡すと、北部様式と中南部様式に分けられる。北部様式は歌と踊りのテンポが速く、体の動きがダイナミックな踊りである。中南部様式はテンポが相対的に遅く体の動きもゆるやかで、扇や四つ竹などの小道具を使う踊りである。

北部様式の例：国頭村与那のウシデークは、旧盆後の亥の日のウンガミ（海神祭）翌日の夕方、集落のアサギマー（公民館前）とノロ殿地前広場で女性によって踊られる。踊りの輪を構成する半円ずつの二グループが、一節ずつ掛け合って（交互唱で）歌われる。数名の女性が小型の鋲留太鼓を打つ。歌詞は琉歌形式（8886）が中心である。

中南部様式の例：うるま市勝連平敷屋のウスデークは、旧7月7日の七夕の日から練習が始まり、旧7月16日の夕方から深夜にかけて集落内の拝所と元屋《むーとぅやー》を踊って廻る。太鼓はベテランの踊り手によって打たれる。若い踊り手は小道具（採物）として扇と四つ竹を使い、技巧的な所作を交えて踊る。歌はすべて斉唱で歌われる。歌詞は琉歌形式（8886）がほとんどである。

【事例4】**宮古諸島のクイチャー**（38頁参照）

クイチャーは宮古諸島の伝統的な踊り歌であり、豊年祭や宮古節《みゃーくづつ》などの年中行事や、雨乞い、豊作祈願、祝宴などさまざまな機会に踊られてきた。クイチャー歌のことをクイチャー・アー

国頭村与那のウシデーク

うるま市勝連平敷屋のウスデーク

グと呼び、また踊りのことをクイチャー・ブドゥイという。宮古島および周辺の島々のクイチャーを見ると、大きく次の二つの様式に分けられる。

池間島のクイチャーは、宮古節をはじめとして、雨乞い、豊作祈願、祝宴などの機会に踊られてきた。女性だけで踊ることが多い（宮古節の最後の踊りには男性も加わる）。物語的で長大な歌詞が、1人の音頭の歌をその他大勢が復唱する音頭一同形式によって歌われていく。太鼓などの楽器は使わない。踊りは、宮古島の他地域のクイチャーとは異なり、音頭の先導のもと、歌に合わせて歩くか小走りで右回りと左回りを交代々々に繰り返す。こうした踊り方は、宮古島市西原、伊良部町佐良浜のクイチャーにも共通している。

宮古島市城辺福里（旧城辺町）のクイチャーは、八月十五夜の夜を中心として、雨乞いなどの機会に踊られてきた。歌は男女が入り混じった2組の交互唱で歌われ、一方が旋律を歌っている間に他方がかけ声をかける。踊りは全て円陣の中心を向いて踊られる。池間島のような歩きや小走りではなく、全体が盛り上がってくると盛んに高く飛び上がる（特に男性の踊り方）。クイチャーは、もともと楽器は使わず手拍子のみで踊っていたが、1980年代以降は伴奏として三線と太鼓を加えるようになった。

【事例5】八重山諸島のユンタ（129頁参照）

宮古島市池間のクイチャー

宮古島市福里のクイチャー

与那国町祖納のドゥンタ

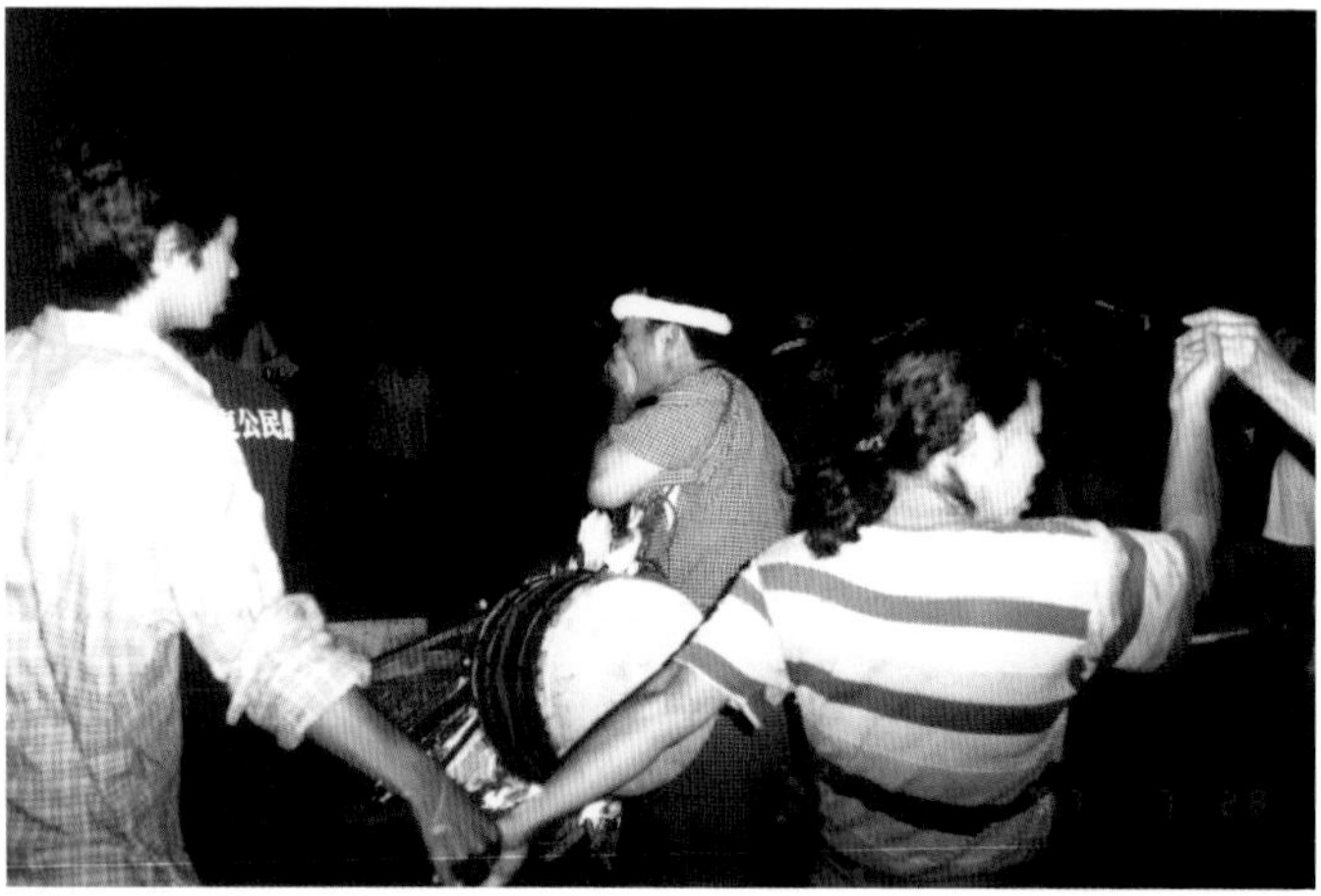

写真提供：清村まり子

ユンタとは、八重山諸島において農作業や共同作業（ユイマール）の際に、主に男女の交互唱によって歌われる労働歌である。地域によってジラバと呼ぶことも多くユンタ・ジラバと称されることが多い。ユンタがいまも祭りの中で踊られている事例として、与那国島祖納のドゥンタ（ユンタの与那国方言的表現）がある。豊年祭（ウガンフトゥティ）の最後に御嶽の庭で踊られる。歌い方は、リーダーが歌を1節歌うと一同がこれを繰り返して歌う（音頭一同形式）。踊りは音頭が円陣の真ん中に入ってドラを打つ。一同は手を繋いで右回りと左回りの踊りを繰り返す。伴奏には音頭のドラの他に太鼓が用いられ、男性が桶胴型の太鼓を小脇に抱えて叩く。

ここまで奄美・沖縄・宮古・八重山に伝わるいくつかの踊り歌を紹介してきたが、これらにおける男女の役割分担や歌い方について比較して考えてみたい。以下の表は、男女の役割分担、歌い方（歌唱形式）、使用楽器、歌われる歌詞の詞形、その他についてまとめたものである。

この表を見ると、多くの島々の踊り歌では男女が入り交じって歌い踊るのが一般的な中で、沖縄本島の臼太鼓が女性のみで演じられる点が異彩を放っている。これについては、沖縄本島地域にも元々は他の島々と同じように男女で共に歌い踊る芸能が存在していた可能性が推測できる。それが歴史上のある時点で、何らかの理由で女性の芸能に転換して、いまの臼太鼓のように女性だけの踊りになったという可能性がある。

沖縄本島各地には、いまでも村踊り《むらうどぅい》、豊年祭、八月十五夜など地域の夏の節目の祭りにおいて、組踊や琉球舞踊のように舞台上で演じる芸能が盛んに行われている。こうした舞台上で演じる芸能は、近代からそれほど遡らない時期に首里や那覇から各地方へ伝播していったと考えられる。そして首里王府の儒教政策の影響もあって戦前期まではすべて男性のみで演じていた。これが女性だけで踊られる臼太鼓と著しい性別の対照をなしている。この対照は、沖縄全域における民俗芸能のあり方を考える上で、とても重要な点である。

次に歌い方（歌唱形式）について見ると、沖縄本島北部の臼太鼓には踊りの輪の中の２グループで歌を掛け合う地域が見られる（国頭村与那の事例）。こうした交互唱は、性別の分担こそ異なっているものの、奄美諸島北部の八月踊りとも共通している。こうした男女あるいは2グループによる歌の掛け合いは、他にもたとえば綱引きやハーリー行事のガーエー（競い合い）歌、旧3月3日の浜下りの歌など、沖縄本島各地の民俗芸能においてよく見られる要素である。また現在の流行民謡の世界にも共通している。このような（本来は即興的な）歌の掛け合いは、沖縄・奄美の歌文化に通底する特徴だといえる。

改めて奄美から沖縄、宮古、八重山に至る島々を見渡すと、表のように踊りの中の2グループ間での歌の掛け合い（交互唱か音頭一同）が基本となっているようである。この中で、沖縄本島中南部の臼太鼓と沖永良部島の遊び踊りの「斉唱」というのはやはり異例である。沖縄本島北部の臼太鼓には交互唱の地域もあることを考えると、臼太鼓においては、どこかの段階で元々の交互唱から斉唱へと変化したのではないかという可能性を考えたくなる。また沖縄本島の臼太鼓が女性のみで演じられるのも、前述のように元々は島々の踊り歌と同じく男女入り混じって踊られていた芸能が、何らかの契機で女性のみの芸能に変容した可能性を想像するのである。

このように奄美・沖縄の島々に広がる踊り歌の多彩なあり方から、各々の芸能の起源やその後の展開について、今後ともさらに広い視点から考察を巡らせる必要があるだろう。

奄美・沖縄・宮古・八重山の踊り歌の比較

地域		芸能名	参加者	歌唱形式	楽器	詩型	備考
奄美諸島	北部(奄美大島)	八月踊り	男 女	交互唱(歌掛)	楔形太鼓	琉歌形式 近世小唄調(7775)	
	南部(沖永良部)	遊び踊り	女性主体	斉唱	枠型締太鼓	琉歌形式	
沖縄本島	北部	臼太鼓	女性	斉唱 交互唱	鋲留太鼓	琉歌形式	
	中南部	臼太鼓	女性	斉唱	鋲留太鼓	琉歌形式	採物 扇 四竹
宮古諸島	宮古島	クイチャー	男 女	交互唱	(三線・太鼓)	長歌形式	
	池間島	クイチャー	女性主体	音頭一同	なし	長歌形式	
八重山諸島	与那国島	ドゥンタ	男 女	音頭一同	枠型締太鼓 ドラ	長歌形式	

沖縄・奄美の民俗芸能をより深く知るために

民俗祭事概説

沖縄の島々では、はるかな昔からさまざまな祭りが営まれてきた。一年の決まった時期にムラ内（あるいはムラの周囲）の特定の聖域に神を招来し、ノロやツカサといった神女たちが中心となって祈願を行い、さらに神々と共に歌や踊りによる遊び（神遊《かみあそ》び）を繰り広げる。トゥン（殿、沖縄本島中南部と周辺の島々）、カミアシャギ（本島北部）、オン、ワン（宮古・八重山）などと呼ばれる聖域で、神と人とが時空間を共有し、神遊びを行うことで、来たる年に備えていのちの力を神から授けられるのである。

沖縄の祭りを大きく分けると、節目（折目）の祭り、来訪神を迎える祭り、農耕に関わる祭りなどに分類できる。この三つの分類の、一つの要素だけで祭りとなることも、また複数の要素が含まれた祭りとなることもある。

●節目の祭り

本土では一年の最も重要な節目と言えば正月であるが、沖縄では夏期に一年の最も重要な節目（折目）がある。このことを「南島の夏正月」とも言う。沖縄本島北部から奄美にかけての島々では、旧盆の旧暦7月前後にシヌグ、大折目《うぷゆみ》などと呼ばれる祭りが行われる。これは古代以来の、年越しの祭りであるともいわれ、この時期にムラ中を祓《はら》い清め、災厄を追い払い、豊年豊作を招来する。八重山のシチィ（節祭）、多良間島のスツウプナカ（節真中）なども夏から秋の節目に行われる。また、奄美諸島には旧暦8月にアラセツ（新節）行事がある。これらに共通する「節」ということばは、現在沖縄本島では失われているが、古い時代には琉球列島全域にあったと考えられる。

綱引きは、夏正月における来たるべき一年の吉凶を占う年占《としうら》行事であり、沖縄全域に分布している。東西に分かれた雄綱と雌綱が貫棒によって結び合わされ、やはり東西に分かれたムラの人々によって引き合う。綱引きには、農耕に不可欠な水を司る神への雨乞いと、さらにはムラから災厄を祓い、清めるという意味が込められている。

この夏の節目の祭りは、ムラ中を祓い清めると同時に、来訪神を迎える祭りでもある。海や山の彼方から神をムラに迎え、祭りの場で供応して時を過ごす。訪れる神は、ある時は人々の祖先神であり、ある時は人間を超越した強力な力を持った神である。来訪神を迎える代表的な祭りに、本島北部一帯で広く行われているウンジャミ（ウンガミ、海神祭）、八重山の豊年祭やシチィ（節祭）がある。ウンジャミは地域によっては先述のシヌグと共に行われ、あるいは一年交替で行われる地域もある。来訪神を迎え、ウムイ、クェーナなどの古謡を神と共に歌い踊り、狩猟の模倣儀礼が演じられる。八重山の豊年祭には、草を身にまとい、面を付けたアカマタクロマタと呼ばれる祖先神（来訪神）が現われる。ムラの各戸へ豊作や幸をもたらすとされるが、祭りの全容は明らかではない。石垣市川平で行われるシチィ（節祭）は農作物の豊作祈願とされ、その際、マユンガナシという来訪神が現われる。

盆は、旧暦7月に各家庭に先祖の霊を迎え歓待する、という死者供養の祭りである。その意味では盆行事も各家に来訪する祖先神を迎える祭りとも考えられる。沖縄本島では盆の13日から16日にかけて、先祖供養として、念仏歌に合わせてエイサーが盛んに踊られている。石垣島では、旧盆に翁《おきな》と媼《おうな》の面を付けた祖先神が家々を巡り、後生の道理を子孫のムラ人に説いて廻るアンガマがある。

次に、農耕に関わる祭りを見てみよう。八重山の竹富島の種子取祭《タナドゥイ》は、豊富な芸能を演ずる祭りとして有名だが、本来は稲種を浸水発芽させる儀礼であり、戦前までは沖縄本島でも広く行われていた。奄美諸島北部では同様の祭りがタネオロシ（種下し）と呼ばれ、行われている。これらの稲、麦以外にも、地域によっては旧暦11月頃にイモ折目が行われる。また、宮古の麦ブーズ、粟ブーズも同様の趣旨の農耕祭である。

八重山の島々では旧暦6月にプールィ（豊年祭）といって、稲の収穫に対する感謝と来年の豊作を祈願し、種々の芸能を演ずる祭りが執り行われる。ムラのオン（御嶽）において神人による祈願の後、巻踊《まきおどり》や仮設舞台での奉納芸が行われる。この時、綱引きや船漕ぎ競争が行われたり、アカマタクロマタという来訪神を迎える地域もある。

沖縄本島の豊年祭は、旧暦8月から9月にかけて行われる地域が多い。豊年祭、ムラウドゥイ（村踊り）、ムラアシビ（村遊び）などと称し、豊年豊作祈願に続いて、ムラの広場にバンクと呼ばれる仮設舞台を組み立て、舞踊や組踊、芝居など豊富な芸能が演じられる。この他、琉球国と古くから交流のあった中国由来の祭事に、シーミー（清明祭）やハーリー（爬龍船）競漕がある。

最後に、旧暦7月の盆行事において盛んに演じられ、今日では沖縄を代表する芸能となったエイサーについて述べてみたい。エイサーとは沖縄の盆踊りの総称で、その名称は、盆踊りの冒頭に歌われる念仏歌の「エイサーエイサー」という後バヤシに由来する。起源ははっきりしないが、この念仏歌が本土から沖縄に、おそらく念仏聖たちによって伝えられて始まったと考えられる。沖縄本島南部（那覇市国場など）には、念仏歌のみを歌って各家を廻る古い形が伝わっている。盆の時期に各家に還り来る先祖の霊を歓待供養するために歌われる念仏歌を核として、そこに各時代のはやり歌が付け加えられ、さらに踊りも華やかな形に発達して今日のエイサーの姿に発達してきたのである。

現在では旧暦の盆の13日から15日（あるいは16日）の間に踊られるのが一般的だが、沖縄本島においても地域差がある。国頭村では13日に踊られている。本部町では15日夜から16日にかけて踊られていたが、現在は16日だけの地区が多い。読谷村では14〜17日、沖縄市域では戦前までは16日のウークイ後に踊る地区が多かったが、現在では13〜15日となっている。

エイサーというと、大太鼓や締太鼓を勇壮に叩いて踊り、それに女性の手踊りが加わる本島中部のスタイルが一般的である。しかし、他にもいろいろな様式がある。本島北部西海岸には、女性だけで太鼓を使わず輪になって踊る女性エイサー（七月舞）が伝わっている。本部半島や名護市では、太鼓を使わない男女の手踊りによる輪踊りのエイサーが盛んである。与勝半島周辺には、太鼓にパーランクー（小型の片面太鼓）を使うエイサーが広まっている。現在は太鼓主体のエイサーが隆盛を極めている中部近辺でも、戦前は手踊りが主体で、それに太鼓が数個ほど加わるスタイルであった。それが現在のように太鼓中心になったきっかけは、戦後コザ市（現沖縄市）で始まったエイサーコンクール（1956年〜）である。各地の青年会が中心になったエイサーは、多くの観客が集まる舞台でアピールするためにさまざまな工夫を凝らして競い合った。このコンクールを通して、エイサーの様式は次のような点で大きく変化した。⑴迫力を増すために太鼓の数が飛躍的に増えた。⑵マンサージ（長鉢巻）、ウッチャキ（陣羽織）、脚絆など現在よく見られるエイサー衣装が確立した。⑶伴奏曲には民謡の他に戦後の新民謡（創作民謡）なども積極的に取り入れた。⑷従来の単純な輪踊り、行列踊りから、複雑な動きの変化を含む隊列踊りへと発展した。

現在、エイサーは沖縄本島周辺以外に、宮古、八重山や奄美にも広がっている。また首都圏や関西では、沖縄出身者を中心に多くのエイサー団体が活動中である。海外ではハワイ、アメリカ西海岸など沖縄系住民の多い地域に伝わっている。また1980年代以降、「琉球國祭り太鼓」に代表される創作（クラブチーム型）エイサー団体が増加してきた。これらは県外、海外にも支部を持ち、旧盆以外にも各種イベントなどを通じて幅広い活動を展開している。このようにエイサーは、現代沖縄の民族アイデンティティを強力にアピールするパフォーマンスとして、大きな潮流を形成している。

●民謡

民謡とは、庶民の暮らしの中で育まれ、ムラの祭りや民俗芸能とも密接な関わりを持ちつつ発達してきた歌の総称である。沖縄の民俗音楽の中核をなすものといえる。琉球文化圏を構成する奄美、沖縄、宮古、八重山各諸島においては、数多くの民謡が現在まで伝わり歌い継がれている。沖縄民謡のメロディーを構成する音階は、大きくは琉球音階（ドミファソシド）と律音階（ドレファソラド）の二種に分けられる。律音階は日本本土と共通だが、琉球音階は沖縄にしか存在しない。しかしもっと広く見渡すと、琉球音階はインドネシアのペログ音階とも似通っている。さらに、中国南部、ブータン、ミャンマーなどにも似た音階がある。つまりアジア諸地域に繋がる文化的要素なのである。

ムラの祭りの中で神女たちによって歌われる祭祀歌謡は、実にさまざまな種類がある。これらは奄美諸島ではオモリ、ナガレ等、沖縄本島と周辺ではウムイ、クェーナ等、宮古諸島では、ピャーシ、ニーリ、タービ、フサ等、八重山諸島ではアヨー、ユンタ、ジラバ等と呼ばれる。

ムラの民俗行事や民俗芸能の中でも多くの民謡が歌われる。沖縄の盆踊りエイサーでは、中心となる念仏歌に加えて多くのはやり歌が導入され、勇壮な踊りの伴奏曲として歌われている。沖縄各地の綱引き行事やハーリー行事（爬龍船競漕）でも、ハーリー歌やガーエー（競い合いの歌）歌など独特の民謡が歌われる。

特定の行事から離れて、人々の余興や自由な憩いの場で歌われる民謡もたくさんある。トゥバラーマ（八重山諸島）、伊良部トーガニ（宮古諸島）、ナークニー（本島本部半島周辺）のように人々の気持ちを自由に歌い込める叙情歌謡、さらには野遊《もーあし》びというムラの青年男女の遊びの場において、技巧的な三線伴奏でカチャーシーと呼ばれる自由乱舞を伴う歌などがある。奄美諸島北部では独特な三線技法で伴奏されるシマウタ（島唄）が数多く伝えられている。

昭和期以降、沖縄でもレコードやラジオの発達に伴い、多くの創作曲が生み出された。これらは「新民謡」と称され、沖縄の人々に親しまれてきた。これらは民謡の様式から多くを受け継いでいるが、中には「芭蕉布」（作詞：吉川安一、作曲：普久原恒勇）のように西洋音楽の様式を導入した曲も作られるようになった。現在では、民謡と新民謡を併せてシマウタ（島歌、島唄）と呼ぶことも多くなっている。

沖縄・奄美の三線音楽

1．沖縄本島

沖縄には、14〜15世紀に中国の福建省からの華人の移住にともなって中国の三弦《さんしぇん》が移入され、沖縄の三線《さんしん》として定着し使われるようになったと考えられる。最初は中国系の楽器であったものが、次第に沖縄の士族階級によって古典音楽の伴奏楽器として用いられるようになり、200曲以上に及ぶ幅広いレパートリーを備えるようになった。その一方で、沖縄の大部分を占める庶民層の間にも、宮古・八重山まで含めた沖縄の各地域を治める役人層によって三線が伝えられ、徐々に民俗音楽（含む民謡）において三線が使われるようになっていったのである。ここでは、沖縄本島の古典音楽から民俗音楽、および宮古、八重山、奄美各地域の民俗音楽において、どのように三線が導入され、活用されているのかを概観してみたい。

（1）沖縄における宮廷歌謡の展開 ——古典音楽の成立

首里王府内での古典音楽の成立は定かではない。首里王府の儀礼歌謡集である『おもろさうし』には形式的にも内容的にも多様な１５５４首の歌が含まれているが、それらが王府内の諸儀礼においてどのように歌われたかは明らかでない。現在沖縄各地の村祭祀の中で歌われるウムイ・クェーナといった祭祀歌謡と共通するような唱法でこれらが歌われていたとも想像できる。これらのオモロ歌謡やそれを含む儀礼の多くは王府内の高級神女によって執り行われ伝承されていたと思われるが、近世琉球になると、王府オモロを伝承する家系としてのオモロ主取や、冊封使を歓待する為の御冠船芸能の担い手など、男性に音楽芸能の主体が移行していった。それはある意味では祭祀から芸能への展開でもあった。その過程で古典音楽も成立発展し、そこでは中国から導入された楽器三線《さんしん》が大きな役割を果したと考えられる。

古典音楽の成立について一つのヒントとなるのが、沖縄本島全域に伝承される女性の民俗舞踊、臼太鼓（ウシデーク、ウスデークなどと呼ばれる）である。臼太鼓には古典音楽と旋律・名称ともに類似性を持つ曲が《恩納節》《干瀬節》をはじめ30曲以上ある。臼太鼓は古典音楽、琉歌形式（８８８６）の歌詞を有節形式の旋律により歌う点は共通しているが、古典音楽が男性中心となり三線を伴奏楽器として導入した時点で両者は袂を分かったと考えられる。

古琉球から近世琉球期を通じて、儀礼的な性格の濃い古典音楽曲の他に、より旋律を拡大し、微妙なメリスマ（旋律の細かな抑揚）による表現に重きを置く昔節、大昔節なども形成されていった（昔節、大昔節の成立時期についてはそれほどよく分かっていない）。

また近世琉球においては「仲風」という日本本土と琉歌の混合様式に基づいた歌が流行し、二揚《にあぎ》という調弦に基づいた数多くの抒情的な楽曲も作られていった。

沖縄の古典音楽では中国の工尺譜を導入して工工四《くんくんしー》と呼ばれる三線楽譜が作られた。18世紀半ばに成立した現存最古の三線楽譜と考えられている『屋嘉比工工四』には117曲が収められている。その中には現在の琉球古典音楽でも中枢を占める大昔節や儀礼的な《御前風》、また沖縄本島各地の地名に由来する曲が多く含まれている他に、奄美系と見られる曲（《こにゃぶし》《イキンタウフシ》《永良部節》他）、先島（宮古・八重山）系と見られる曲（《古見之浦節》《石嶺之道節》他）、日本本土から来た流浪芸能者の京太郎（チョンダラー）と関わりが深いと見られる曲（《口説》類、《久高節》他）など多様な楽曲を含んでいる。このことは工工四成立の初期から、それが単に演奏の心覚えの楽譜というだけでなく、古典音楽として包括しうる範囲すべてを収めようという意図により編まれたと見ることができる。

琉球王朝末期の1868年に野村安趙・松村真信の手になる『欽定工工四』が作成された。リズムや技法の記述がより緻密となり、今日に伝わる升目内に譜字を記入する記譜法が確立した。全五部で200曲以上が収められ、中には八重山民謡も多数取り入れられている。さらに昭和10（1935）年には野村流の世礼国男により『声楽譜付工工四』が作られ、伝承音楽における心覚えとしての規範的楽譜から、古典音楽の記述的楽譜としての性格をより確立していった。

こうした三線楽譜の発達に伴い、三線以外の伴奏楽器の楽譜も作られていった。初期の箏楽譜である『手登根工工四』（明治28年）をはじめとして、現在では太鼓、笛、胡弓の工工四等の楽譜も作られてきている。

近代以降、沖縄本島周辺の伊江島、そして宮古、八重山、与那国など、沖縄全域で地域固有の民謡工工四を作成する運動が展開してきた。このことは、民謡の比較的自由な枠組みの中で、各人が自由に弾き歌う状況から、三線の弾き方や歌の旋律を定型化する方向へ変わってきたことを示している。

（2）沖縄の民俗音楽における三線

沖縄の民俗音楽では、今日さまざまな民謡の伴奏に三線が用いられている。その中でも特徴的なのは、なんといっても早弾《そーびち》きといわれる急速調の技巧的な奏法であろう。これはカチャーシーという個人の自由乱舞の伴奏における演奏法として発達してきたものである。現在では、雑踊り（近代以降に創作された舞台舞踊）の伴奏や、民俗舞踊エイサーの伴奏、さらには沖縄ポップにも導入されている。

カチャーシーにおける早弾きは、それほど昔から存在したものではなく、20世紀以降に発達を遂げた演奏法と考えられる。トンバルナークニーとして知られる富原盛勇やチコンキーフクバルとして知られる普久原朝喜ら近代の民謡名人によって大きく発展させられてきた技法だと考えられるのである（『日本民謡大観 沖縄・奄美 沖縄諸島篇』参照）。

近代になっても、大正期までは古典音楽の演奏家は民謡は弾かなかった。戦前の日本音楽研究の第一人者であった田辺尚雄は1922年の夏に沖縄音楽調査を行ったが、その調査紀行の中で、当時の古典音楽（当時は古典音楽という呼称はまだ使用されず、琉球音楽と呼称されていた）の演奏家が民謡曲を弾かないどころか、民謡三線の演奏家と同席することさえ嫌がったことを記述している（田辺尚雄『第一音楽紀行』）。士族階級によって育まれた古典音楽と、庶民に愛された民謡の間にはまだジャンル的な垣根があったことを伺わせる。

戦前から戦後にかけて沖縄音楽研究の第一人者であり、自ら野村流古典音楽の伝承者であった山内盛彬は、著書の中で民謡の早弾きについて古典にはない魅力を持ったものとして次のように評価している。

「古典が伝統の傘下で桃源の夢をむさぼっている間に、それにはあき足りない自由奔放を好む大衆の要望に応えて、ついに決河の勢いでおし寄せてきた……（中略）……草弾きには師導もなく学術もなく、専らその人のカンと器用でやったので、ただ野生のままに生い茂った雑草の

ようであるが、これを精選することによって飾り物にすることもできよう。」（山内盛彬「琉球の音楽芸能史」５０２—５０３頁）

明治期以後、民謡を伴奏に庶民の風俗を取り入れた雑踊りが続々と創作され、それらの伴奏の民謡曲も徐々に古典音楽のレパートリーとなり、工工四にも加えられていった。今日では、古典音楽の演奏家でも、雑踊りなどの舞踊の伴奏（地謡）において早弾きによる民謡曲を演奏するようになっている。

一方、沖縄各地には三線を使わない音楽文化がいまだに残っている。これらは沖縄への三線が導入されるはるか以前から、沖縄の各地において育まれてきた音楽・芸能であるといえる。たとえば、沖縄の民俗芸能の中でも最も広範囲に広まっていた臼太鼓（ウシデーク、ウスデークなどと呼ばれる）は、ムラの女性による集団舞踊であり、女性たちは太鼓を叩きながら輪になって歌い踊るが三線は使われない。

沖縄本島北部の西海岸にのみ伝わる女エイサー（七月舞）は、旧盆の時期に女性だけによって歌い踊られるエイサーであるが、三線の地謡で伴奏される一般的なエイサーと異なり、太鼓のみの伴奏で歌い踊られる（ただし、曲種は沖縄で一般的な曲が演じられる）。エイサーの発展過程と三線の民間への普及を考える上でたいへん興味深い芸能である。

また、国の重要無形民俗文化財にも指定されている大宜味村塩屋のウンガミでは、二年に一度のウドィマール（踊り廻り）の年にアサギマーで繰り広げられる舞踊では、伴奏の地謡として三線を使わずに女性が太鼓だけを叩いて歌う。古典音楽のメロディーは伝わっているが、男性が弾き謡で踊りを伴奏するという古典芸能の習慣と、女性だけで臼太鼓や女エイサーを踊るというこの地域の文化がちょうど混淆した姿を示しているものとして、沖縄の芸能史においてもきわめて重要な事例である。

（3）沖縄ポップと三線

1970年代半ば以降、沖縄では沖縄ポップという新しい音楽ジャンルが形成された。これはポピュラー音楽の様式によって沖縄の民族性を主体的に表現する音楽のことであり（久万田1998参照）、喜納昌吉や知名定男らの本土デビューをきっかけとして全国的に知られるようになった。さらに80〜90年代のワールド・ミュージック・ブームの潮流にも乗って、世界に向けても発信されている。この中で三線は、ギターやベース、ドラムスなどの西洋楽器に混ざって、沖縄音楽の中心となる象徴的楽器として使用されてきている。

三線にピックアップを装着して大音量のライブ演奏を可能にしたり、照屋林賢が開発した「チェレン」のように三線を元に発展させた新たな楽器も生まれている。また沖縄ポップの人気グループBEGINが考案した、ギターと三線を加えた楽器「一五一会」もある。

現代沖縄の音楽状況は、沖縄ポップと民謡を併せてシマウタ（島唄）という、より大きなジャンルの枠組みが成立しているが、そこにおいて三線は、沖縄の民族的アイデンティティを体現する象徴的な楽器として存在感を増しているのである。

2．奄美諸島

奄美の島々にいつ三線が伝えられたかははっきりとしない。19世紀半ばの奄美大島の様子を記した『南島雑話』（著者は名越左源太）には、日本本土由来らしい三味線を弾く人々の図が載せられている。また一方では、琉球から渡来してきた三線を弾くゾレ（遊女）についての記述もある。これらから、少なくとも藩政時代の終わり頃には薩摩藩政時代に薩摩から渡ってきた本土系の三味線の文化と、南の琉球から渡ってきた沖縄系の三線文化が奄美大島に混在していた状況が推察できる。

奄美諸島北部（奄美大島、喜界島、徳之島）では、島唄《しまうた》（あるいは遊び歌）という三線の弾き歌いによるジャンルが隆盛している。ここで使われる三線（さんしん、さむしん）の楽器自体は沖縄とほぼ同じものが使われるが、弦と撥は異なっている。沖縄より細い弦が使用される。撥は幅5ミリほどの竹ヒゴ製（近年ではプラスチック製の撥もよく使われる）で、沖縄の大型で爪形の撥とは大きく異なっている。また、コバチという特殊な奏法（右手の撥によらず、左手指のハンマリング・

オンとプリング・オフによって装飾音を生み出す）が特徴的である。

この地域の島唄には三線の楽譜がない。民謡工工四を作ることで三線の弾き方の定型化を進めてきた沖縄と違って、北奄美の島唄では三線の弾き方や歌い方を固定化せず、演奏者、歌い手の個性による多様性を温存することを保ってきたのである。ただし、昭和期以来の島唄名人のレコードや、１９６０年代以降に始まった民謡コンクールが、いわば楽譜とは異なる形で定型化の役割を担ってきたとも言えるだろう。

島唄《しまうた》（あるいは遊び歌）とは、別に、個人が自由に乱舞する踊りの伴奏として、《六調》、《天草》などの曲が伝わっている。これらの曲では、三線の全ての弦をバチの上下動でかき鳴らす奏法で演奏され、沖縄のカチャーシーとは大きく演奏方法が異なる。これらの手踊り曲は曲名からも九州地方からの伝播を思わせるが、奏法や様式のうえでも、九州南部の三味線（あるいはゴッタン）奏法や盲僧琵琶の影響を考えなければならない。

一方、奄美大島の東に位置する喜界島の小野津集落では、八月踊りの伴奏に三線を導入している。本来、沖縄の臼太鼓と同様の集団の太鼓踊り芸能である八月踊りに三線が導入されるのは北部奄美を見渡してもかなり珍しい事例である。

ただ、他の八月踊りにそうした事例が見られないことから、三線を導入したのはそれほど古いことではないと考えられる。

3. 宮古諸島

宮古諸島では、三線の導入や工工四の作成は隣の八重山からはるかに遅れた。昭和初期に慶世村恒任の先駆的な民謡収集などがあったが、戦前には宴席などの場で宮古民謡が歌われたり演奏されることはなく、もっぱら沖縄の古典音楽や八重山民謡が演奏されたという。新民謡版《安里屋ユンタ》の録音で有名な昭和9（1934）年のコロムビア・レコードの録音においては、宮古民謡をピアノで伴奏する試みが行われている。

宮古民謡の三線伴奏化、すなわち三線楽譜としての工工四製作が試みられるのは戦後になってからで、昭和30（1955）年に平良恵清・古堅宗雄・友利明令によって『宮古民謡工工四』が編まれた。その後古堅宗雄、平良玄幸らによって増補改良が加えられていった。

こうした先駆者達の努力を経てきているが、宮古民謡の工工四化、三線導入においては今日でもさまざまな問題が横たわっている。たとえば本来拍節のない自由リズムで歌われる長アーグの三線伴奏化は、歌い手による自由な歌い回しの省略と単純化など、旋律の構造に根本的な変更を強いることとなった。また1970年代以降、踊り歌であるクイチャーアーグに三線や太鼓が伴奏楽器として導入されるようになり、今日ではこの方法がかなり一般的になっている。しかしこのことが、本来踊りつつ歌う芸能であったクイチャーに、踊り手と地謡の分離という芸能構造の根本的変化を与えている。

もちろんこれは宮古だけの問題ではなく、沖縄本島や八重山においても、さまざまなジャンルにおいて音楽芸能史の長い時間の中で、こうした構造的変化を体験してきたのである。

4. 八重山諸島

八重山諸島には、アヨー・ユンタ・ジラバなど数多くの祭祀歌謡や民謡が伝えられてきた。近世中期以降、首里王府から派遣される役人や八重山在の役人により、三線音楽がもたらされた。前者により琉歌調や七五調の歌が伝えられ、後者により八重山民謡の節歌化（三線民謡化）が押し進められた。それと相互して首里の古典舞踊も伝えられた。以後、明治大正にかけて八重山各地で多くの舞台舞踊が整えられ、その伴奏曲として古謡の節歌化（三味線歌化）が進行していった。明治17（1884）年には初めての楽譜である『八重山歌工工四』（石垣風）が編まれ、そこには96曲が収められている。また明治18（1885）年には『八重山歌集』（登野城風工工四78曲収録）が編まれている。以後も継続的に改良増補の手が加えられ今日に至っている。こうした歩みからは、八重山が沖縄本島の古典音楽における工工四確立に対して地理的制約から時間的には遅れながらも、自らの地域の音楽の採譜・収集記録手段として工工四譜化を押し進めていったことが伺われる。現在ではこうした工工四化された民謡に対して「八重山古典民謡」

という用語も使われている。
90年代以来、八重山民謡と沖縄ポップという二つの領域にまたがって意欲的な活動を繰り広げている人物に大工哲弘や新良幸人らがいる。特に新良は、八重山・沖縄の三線技法だけでなく、奄美三線や津軽三味線、さらにはブルース・ギター奏法など、さまざまな技法をどん欲に自らの三線に取り入れて、独自の新しい三線スタイルを形作っている。

参考文献

・金城厚『沖縄音楽入門』音楽之友社　２００６年
・久万田晋「90年代沖縄ポップにおける民族性表現の諸相」沖縄県立芸術大学大学院芸術文化学研究科編『沖縄から芸術を考える』榕樹書林　１９９８年
・田辺尚雄『第一音楽紀行』文化生活研究会　１９２３年
・名越左源太『南島雑話―幕末奄美民俗誌』（東洋文庫）平凡社　１９８４年
・『南島雑話』東洋文庫
・『日本民謡大観　沖縄・奄美　沖縄諸島篇』日本放送出版協会　１９９１年
・山内盛彬「琉球の音楽芸能史」『山内盛彬著作集　第1巻』沖縄タイムス社　１９９３年

沖縄民謡から島唄、沖縄ポップへ

今日、シマウタ（島唄）と呼ばれる音楽は、たいへん幅広い領域を持っている。元々シマウタという用語は、奄美諸島で用いられていた用語である。それを1970年代以降沖縄のメディア界が流用し、次第に沖縄の音楽界に広まっていった。現在の沖縄音楽界や日本本土の沖縄音楽ファンの間では、沖縄の各地で人々の暮らしの中で育まれた伝統的民謡（folk song）の他に、昭和初期以降創作が始まった沖縄新民謡、さらには1970年代以降登場した沖縄ポップ（沖縄の民族アイデンティティを表現したポピュラー音楽）までを含む幅広い領域をさす用語として定着してきている。いいかえれば、民謡から現代のポピュラー音楽まで含めて、「沖縄らしさ」を表象するうたの総称となっているのである。

1920年代以降、日本本土ではレコードやラジオという大衆メディアの発達と共に、流行歌が台頭し、大衆に広く受け入れられていった。それに対して沖縄でも昭和期以降、従来の伝統民謡の様式を継承しつつも特定の作者（作詞者・作曲者）が意識的に創作した新民謡というジャンルが台頭し、レコードやラジオの力によって戦後の沖縄の大衆社会に広く普及していった。

もちろん沖縄では新民謡の登場以前にも、創作音楽の兆しは始まっていた。明治期以降の商業演劇における雑踊《ぞうおどり》や沖縄歌劇においては、沖縄各地の民謡が採用されて新たな歌詞や台詞を乗せることで新たなレパートリーが数多く生み出された。これらは、近代沖縄における創作音楽の前史であるといえる。また日本歌曲や童謡運動の影響も受けつつ、沖縄民謡の様式を積極的に摂取して歌曲や童謡を多数創作した宮良長包（１８８３―１９３９）のような人物もいた。

１９２６年に大阪にてマルフクレコードを興した沖縄出身の普久原朝喜（１９０３―81）は、戦前から戦後に至るまで新民謡（創作民謡）を数多く手がけた沖縄新民謡の創始者である。

彼は同時代の日本の流行歌の影響も受けつつ、精力的な創作活動によって沖縄のポピュラー音楽の幕開けをつとめた。処女作《移民小唄》（１９２７年作曲）は、当時ソテツ地獄とも呼ばれた沖縄の経済的苦境を乗り越え、海外に移民として雄飛しようとする沖縄の同胞をはげます気持ちで作られた。この曲の旋律は一聴すると伝統的民謡風に聞こえるが、旋律の音進行にモダンな創作の香りを漂わせている。また歌詞は沖縄方言ではなく、標準語で作られている。伴奏楽器に洋楽器のヴァイオリンを導入しているのも斬新な試みである。《入営出船の港》（１９３３年録音）は、ＳＰ盤の両面を駆使した6分33秒の長編作である。従来の民謡や沖縄歌劇などの様式を駆使しつつ、当時のレコード盤の可能性を最大限に活用した戦前の代表作といえる。その後も朝喜は《懐かしき故郷》、《通い船》（1959年）など今日沖縄新民謡の古典となっている多くの作品を創作した。彼の試みは、和声の導入までには至らなかったが、洋楽器の導入やレコードという新メディアを駆使することで、創作音楽としての沖縄新民謡の世界を大きく開拓した。

戦後、普久原朝喜の仕事を受け継いだ息子の恒勇（1932―2022）も、新民謡の作曲を多数手がけた。代表曲の《芭蕉布》（1965年、作詞：吉川安一）は、洋楽的な様式を大胆に摂取し、これまでの新民謡にないモダンな響きを帯びた旋律は、沖縄新民謡の歴史に新しい世界を拓いた。彼の多彩な作品は、新古典的様式ともいえる《丘の一本松》（1974年）、民謡を素材としてポピュラー音楽様式に流用した《ホップのトゥバラーマ》（1975年）、琉球古典音楽の繊細な表現に肉薄した《遊び仲風》（1986年）など、多彩で豊穣な作品世界を形作っている。彼は内外のさまざまな音楽様式を導入し、沖縄新民謡の多様な表現可能性を試みた作曲家といえる。

1950～60年代には普久原恒勇以外にも、照屋林助（ワタブーショー）、川田松夫（《西武門節》《想い》他）、亀谷朝仁（《想偲び》《夫婦船》他）、喜屋武繁雄（《砂辺の浜》《道芝》他）、知名定男（《うんじゅが情けど頼まりる》他）ら、多くの新民謡の作曲家が活躍した。

彼らの手による多くの新民謡作品が、レコードやラジオ放送を通じて沖縄の大衆に受け入れられていった。これらの音楽的スタイルは伝統的民謡に近いものからポップス的な傾向の強いものまで多岐にわたっている。こうした新民謡創作の試みにおいては、さまざまな局面で日本の歌謡曲やポップス、さらにはアメリカのポピュラー音楽の様式が沖縄の伝統的様式と対立しながら導入されている。こうした新民謡創造の過程は沖縄内に限定されてはいたが、沖縄の民族アイデンティティをどのように音楽的に表現するかという試行錯誤の軌跡、いいかえれば現代沖縄音楽の内発的展開の過程であったといえる。

60~70年代初期の沖縄は、米軍の支配下から日本復帰へという困難な政治社会的状況のもと、オキナワン・ロックや沖縄フォークが音楽的な試行錯誤を繰り返していた。それらの成果の上に70年代後半、沖縄の民族アイデンティティをポピュラー音楽のスタイルで表現する沖縄ポップが登場した。沖縄ポップは、従来の沖縄の内側（沖縄系人の社会）に向かって発信されてきた民謡や新民謡とは異なり、沖縄の外部に向かって沖縄の民族アイデンティティを強力に表現しているのが特徴である。そのきっかけは、1977年の喜納昌吉（1948年生）の全国デビューであろう。うねるような烈しいリズムに沖縄的なサウンドと言葉を乗せた《ハイサイおじさん》によって、彼は日本本土の聴衆に沖縄ポップの台頭を強烈に印象付け、日本の音楽界に大きな衝撃を与えた。この曲では、従来の民謡や新民謡の様式を受け継ぎながら、激しいロック的なリズムを大胆に導入することで、個性的な様式を生み出したのである。この後、喜納は沖縄のわらべうたや民謡から津軽三味線の演奏スタイル、さらにはアイヌ音楽の要素まで導入して、沖縄の民族アイデンティティ表現にとどまらない普遍的な表現を目指してゆくこととなる。

知名定男（1945年生）は、戦後の沖縄民謡界で少年民謡歌手としてデビューし、その後歌手・作曲家として活躍を続けた人物である。その後ポピュラー音楽的様式の創作にも意欲的に乗り出し、1978年にアルバム『赤花』によって本土デビューした。彼は、当時流行していたニューミュージックの影響を深く受けながら、喜納昌吉のようにストレートに日本に対抗するのではなく、沖縄と日本の間を往還するような繊細な感性を音楽的に表現した。彼の全国デビュー曲である《バイバイ沖縄》では、沖縄対日本という関係が、歌詞や音階などの局面において巧みに対比され、接合されている。

こうした70年代後半から80年代初めにかけての喜納昌吉や知名定男の活躍後、しばらく沈滞していた沖縄ポップは、世界的なワールド・ミュージックブームや80年代後半日本本土で盛り上がった沖縄ブームの後押しもあって、90年代以降再び盛り上がりを見せた。

1990年には喜納昌吉&チャンプルーズがメジャー・シーンに復活し、知名定男もネーネーズを率いて再登場した。80年代に沖縄県内で活動を蓄積していたりんけんバンドも全国デビューして大きな話題を呼んだ。さらに、喜納昌吉や知名定男ら戦後民謡第一世代を親に持つ第二世代に加えて、ネーネーズ、新良幸人&パーシャクラブ、日出克、ディアマンテス、大島保克、西泊茂昌ら戦後第三世代ともいえる音楽家たちが続々と登場し、90年代沖縄ポップの隆盛に貢献した。

これらの沖縄ポップには、沖縄新ロマン主義ともいうべき傾向が顕著に見られた。これは、現実の沖縄社会を描写するというよりは、ユートピア（理想郷）としての沖縄イメージをロマン的に歌い上げる傾向である。これが沖縄復帰20周年記念の首里城復元（1992年）やNHK大河ドラマ「琉球の風」（1993年）の放送など、沖縄側と日本側の双方にまたがる「琉球王国」ブームと重なって大きなうねりとなっていった。さらに映画「ナビィの恋」（1999年）から沖縄サミット（2000年）、NHK連続テレビ小説「ちゅらさん」（2001年）と、日本の大衆の間で「南の楽園」「癒やしの沖縄」といったイメージに集約される沖縄ブームが加熱していった。こうした流れを背景に、今や沖縄ポップは確固としたジャンルとして、日本人の聴衆の間に定着している。

一方、90年代の日本のポピュラー音楽界（J―POP）においては、ザ・ブーム《島唄》の大ヒット（1993年）に続いて、安室奈美恵、MAX、SPEED、Kiroro、Coccoら多くの沖縄出身歌手が活躍した。彼女たちの音楽には沖縄的要素はほとんど表現されていないが、全国における「沖縄」という場のイメージ形成に大きな役割を果たしてきた。

さらに2000年代以降、沖縄からはモンゴル800、HY、オレンジレンジ、D―51などのバンドが次々と全国的マーケットに進出し活躍している。彼らはハードコア・パンク、ヒップホップ、ミクスチャー・ロック、ネオ・フォークなど90年代以降の世界のポピュラー音楽の様式を摂取し、従来の沖縄ポップとは異なるアプローチながら、沖縄出身としての固有の音楽表現を模索している。２０１０年代以降は、Awich、Rude-a など、ヒップホップのアーティストが台頭している。また創作エイサーの分野では、イクマあきら《ダイナミック琉球》などが登場している。

それと対照的に、90年代後半から現在まで、日本本土の大衆の間でますます盛り上がる沖縄ブームに対応して、沖縄内外で「しまうた（島唄）」ブームが沸き起こっている。90年代初めからＪ－ＰＯＰ界で活躍していたＢＥＧＩＮ（石垣島出身）は、ＣＤ『ビギンの島唄〜オモトタケオ〜』（２０００年）以来、沖縄ポップあるいは「しまうた」の世界に方向転換し、近年の「しまうた（島唄）」ブームの牽引役となっている。彼らの楽曲は基本的に共通語に基づいており、日本本土の聴衆あるいは沖縄でも方言の不得意な若い世代の注目を集め、共感を得ている。

また、現在「しまうた（島唄）」の世界では、新世代の若手民謡歌手が台頭し、活躍している。彼らは伝統的な民謡・新民謡の様式を基礎にしているが、ポップス様式も積極的に取り入れた活動を行っており、沖縄ポップと「しまうた」が融合する新たな時代を予感させる。

沖縄・奄美の歌と踊り：より深い研究への誘い

ここでは沖縄の歌と踊りについてさらに深く研究、探求するための導きとなる先行諸研究について紹介してみたい。

1．沖縄の音楽芸能全般について

沖縄（奄美を含む）の音楽芸能全般については、まず『日本民謡大観　沖縄・奄美』全4巻を挙げておきたい。これは奄美、沖縄、宮古、八重山各地域に伝わる音楽芸能の音楽的側面について楽譜（五線譜）で紹介したものだが、歌われる詞章や民俗的、文化的背景についても簡潔に記述・解説されている。各々の音楽芸能を知るための水先案内人となってくれるだろう。音楽芸能において歌われる詞章については、奄美を含む琉球列島全域の歌謡を網羅的に収集した『南島歌謡大成』全5巻が最も基本的な資料となる。ここから各地域の音楽芸能の多彩で豊穣な詞章の世界を俯瞰することができる。

沖縄の音楽芸能について、近代以降はじめて全領域にわたる調査研究を行った山内盛彬の諸著作は今なお重要であり、今日では伝承が絶えてしまった歌舞についても詳細を知ることができる。内田るり子『沖縄の歌謡と音楽』は沖縄、宮古、奄美の祭祀歌謡の概要を紹介した。金城厚は『沖縄音楽の構造―歌詞のリズムと楽式の理論―』において沖縄音楽固有の構造的な特徴を描き出した。『沖縄音楽入門』、『琉球の音楽を考える』ではそれをより分かりやすく解説している。本田安次『南島採訪記』は日本の民俗芸能研究の第一人者が復帰前の沖縄を訪れて各地の民俗芸能の姿を詳細に調査記述した書である。本田による『沖縄の祭と芸能』は前書を補って沖縄・奄美各地の民俗芸能を紹介している。矢野輝雄『沖縄舞踊の歴史』は琉球古典芸能史を主としたものであるが、沖縄各地の祭祀や民俗芸能についても目配りが利いている。『琉球芸能事典』は、沖縄の古典芸能（組踊、琉球舞踊）、沖縄芝居、各地の民謡、楽器などについて網羅的に紹介していて便利である。沖縄タイムス社編『おきなわの祭り』は、沖縄各地の祭り・年中行事とそれに関わる芸能をカラー写真入りで紹介しており、視覚的なイメージを得ることができる。久万田晋・三島わかな編『沖縄芸能のダイナミズム』は、沖縄の音楽芸能の諸領域（古典芸能、民俗芸能、大衆芸能を含む）の現代的問題について多角的に考察した論文集であり、沖縄からの海外移民に伴う芸能伝播の問題も扱っている。

2. 沖縄本島の神祭りについて

沖縄本島の神祭りについては18世紀初頭に首里王府が編纂した『琉球国由来記』がまず参考となる。近世琉球から近現代沖縄にかけて、どの祭祀や行事が存続し、何が断絶したのかを考えるための基本的な資料となるからだ。近代以降では、島袋源七『山原の土俗』が先駆的な報告であり、近世期以来の伝承をも伺わせる貴重な記録を見ることができる。また同書には折口信夫による有名な巻頭論文「続琉球神道記」も収められている（『山原の土俗』が収められた『日本民俗誌体系　第1巻沖縄』には、他に近代初期沖縄の民俗誌である『与那国島図誌』、『八重山島民謡誌』、『シマの話』、『南島説話』、『沖縄の人形芝居』、『奄美大島民俗誌』が収載されていて便利である）。

沖縄各地の神祭りにおいて唱え歌われる諸歌謡の詞章を確認するには、先に紹介した『南島歌謡大成』全5巻が最も網羅的で重要な資料である。沖縄本島北部地域については『やんばるの祭りと神歌』が地域間の比較や時代的変遷についても考察されていてたいへん示唆に富んでいる。高坂薫他『沖縄の祭祀―事例と課題』、『沖縄祭祀の研究』にも沖縄各地域についての貴重な調査報告が収められている。畠山篤『沖縄の祭祀伝承の研究　儀礼・神歌・語り』には久高島、伊平屋島、粟国島の祭祀・儀礼についての報告が収められている。

崎原恒新・山下欣一『沖縄・奄美の歳時習俗』、崎原恒新『ハンドブック　沖縄の年中行事』、上江洲均『沖縄の祭りと年中行事1』等は沖縄・奄美の祭祀と年中行事についての理解を助けてくれる。当間一郎『沖縄の祭りと芸能』は沖縄の祭りと芸能の関わりについて記述している。中山盛茂他『のろ調査資料』は、沖縄・宮古・八重山・奄美の全域にわたって地域の祭祀を支える神役の状況と変遷を知ることのできる基礎的資料である。比嘉康雄『神々の古層』シリーズ（全12巻）は、沖縄、宮古、八重山、奄美の代表的な祭祀について詳細な記述と迫真に迫る写真によって体験することができる。前出の沖縄タイムス社編『おきなわの祭り』も各地の祭祀の様子を写真で確認できる。『沖縄県史　各論編　第9巻　民俗』では、沖縄の民俗文化や祭祀について全般的、包括的な記述がなされている。

3．臼太鼓について

沖縄本島に広く分布する臼太鼓については、全地域についての悉皆調査と楽譜記録を作成した故・小林公江の業績を欠かすことはできない。まずは小林が執筆した『日本民謡大観　沖縄・奄美　沖縄諸島篇』の臼太鼓概説を参照していただきたい。小林の臼太鼓研究は単行本としてはまとまっていないが、他にも多数の論文がある（久万田『沖縄の民俗芸能論』文献表を参照のこと）。各地域の臼太鼓の概要については、先述『日本民謡大観　沖縄・奄美　沖縄諸島篇』が参考になる。作曲家の杉本信夫は本島南部を中心として採譜報告を行っている。臼太鼓の文学的側面については平良徹也による研究がある。臼太鼓の舞踊学的側面については波照間永子による研究がある。

4. エイサー・チョンダラー（京太郎）について

エイサーは、近代以降大きく発展してその姿を変貌させてきた芸能である。山内盛彬『琉球王朝古典秘曲の研究』「琉球念仏」の項は、戦前期の調査に基づいたエイサーに関する初期の記録である。その後1980年代には『沖縄大衆芸能　エイサー入門』、1990年代には宜保榮治郎『エイサー　沖縄の盆踊り』、『エイサー360度　歴史と現在』などの単行本が出版された。『エイサー　沖縄の盆踊り』には、代表的な青年会エイサーの概要と演唱歌詞が掲載されていて便利である。『エイサー360度　歴史と現在』には、エイサーの歴史と分類、現代における発展過程とともに、沖縄各地域エイサーの特徴がまとめられている。さらに1980年代以降に登場した創作エイサーの動向、エイサーの県外・海外への展開まで幅広く扱われており、近現代エイサーの展開を知るための基本的文献となっている。

沖縄在住の人にもあまり知られていない沖縄本島北部の手踊りエイサーについては、小林幸男による数多くの緻密な調査報告が出されている（久万田『沖縄の民俗芸能論』文献表を参照のこと）。久万田晋『沖縄の民俗芸能論』は創作エイサーの展開や沖縄ポップとの関係、エイサーと観光政策との関わりなどの現代的問題について概観している。

２０００年代以降は、『増訂 宜野湾市のエイサー 継承の歴史』、塚田健一『エイサー物語 移動する人、伝播する芸能』、井谷康彦『モーアシビからエイサーへ 沖縄における習俗としての社会教育』、森田真也・城田愛『踊る〈ハワイ〉・踊る〈沖縄〉フラとエイサーにみる隔たりと繋がり』などが刊行されて、近現代沖縄におけるエイサー展開の諸側面を描き出している。

チョンダラー（京太郎）は、今ではその実態や痕跡さえ知ることは困難だが、琉球沖縄の諸芸能のあちこちに痕跡を残す重要な存在である。チョンダラーに関する研究としては、宮良当壮『沖縄の人形芝居』、および山内盛彬『琉球王朝古典秘曲の研究』（出版は１９６４年）中の「琉球念仏」「京太郎」の項が戦前期の調査に基づいたすぐれた成果であり、いまだにその価値は失われていない。その後、池宮正治『沖縄の遊行芸 チョンダラーとニンブチャー』がチョンダラーの伝承してきた詞章を総括した本格的な研究となっている。その他の重要著作としては、島尻勝太郎『近世沖縄の社会と宗教』、当真勲編『泡瀬 京太郎』、知名定寛『沖縄宗教史の研究』、新城敏男『首里王府と八重山』などが挙げられる。

5．沖縄の綱引き、ハーリー（爬竜船競漕）、豊年祭について

これら沖縄の諸民俗行事については、まず『沖縄県史 各論編 第9巻 民俗』を参照して、その概略を掴むのがよいだろう。

綱引きについては、小野重朗『十五夜綱引の研究』が南九州から奄美沖縄までの広い地域の事例を元に考察しており、重要な著作である。平敷令治『沖縄の祭祀と信仰』では全沖縄の綱引きを詳細に比較検討している。『沖縄県文化財調査報告書143集　沖縄の綱引き習俗調査報告書』には、沖縄における綱引きの悉皆調査データと各地の綱引きの報告が掲載されている。ハーリー（爬竜船競漕）については、白鳥芳郎・秋山一編『沖縄船漕ぎ祭祀の民族学的研究』が最も包括的な研究書である。比嘉政夫『沖縄からアジアが見える』では、アジア的な広がりにおける爬竜船競漕の位置付けを解説している。

沖縄のいたる所で夏期に執り行われる豊年祭は、地域によってさまざまな呼び方があり、ムラウドゥイ（村踊り）、ムラアシビ（ムラ遊び）、またジュウグヤ（十五夜）などと呼ばれる。これらについては、各市町村誌（史）にその概略が記載されていることが多い。『読谷の文化第4集　ムラアシビ』、『市内民俗芸能調査報告書　村芝居　ぎのわんのムラアシビ』、『名護市史本編・8　芸能』などには当該地域の豊年祭の様子が詳しく記録されている。

6. 沖縄各地の民謡について

沖縄の島々には、地域の祭りや年中行事、個人の家行事などの際に歌われる数多くの民謡が伝えられてきた。それらを知るにはまず先に紹介した『日本民謡大観　沖縄・奄美』全4巻を見ていただきたい。金井喜久子『琉球の民謡』は、戦後の早い時期に刊行された沖縄民謡（琉球古典音楽も含む）の楽譜集で、五線譜と歌詞解説、琉球音楽史年表が付されている。杉本信夫『沖縄の民謡』も沖縄の日本復帰後に出された民謡楽譜集だが、特に宮古・八重山のうたが豊富に収められている。

仲宗根幸市の一連の著作からも、沖縄・奄美の島々に息づく民謡の生き生きとした姿を知ることができる。仲宗根の編著『琉球列島　島うた紀行』（第1〜3集）も、島々の民謡の歌詞とその民俗的・伝説的背景が簡潔に説明されている。

7. 宮古・八重山の神祭り、音楽と芸能について

宮古諸島の音楽と芸能については、まず稲村賢敷『宮古島庶民史』、『宮古島旧記並史歌集解』において、宮古島の歴史に伴う豊富な伝説や民謡の歌詞が紹介されている。比嘉康雄『神々の古層』シリーズ③（宮古島ウヤガン）、④（宮古島パーントゥ）、⑩（宮古島竜宮ニガイ）も宮古の祭祀の貴重な写真記録となっている。外間守善・新里幸昭『宮古島の神歌』は宮古島北部の狩俣集落に伝承されてきた豊穣な神歌を世に紹介した。その後も内田順子『宮古島狩俣の神歌』、居駒永幸『歌の原初へ　宮古島狩俣の神歌と神話』、奥濱幸子『祖神物語　琉球弧　宮古島　狩俣　魂の世界』は、狩俣の神歌の世界を各々の方法で描き出している。『沖縄県文化財

調査報告書145集　宮古のクイチャー調査報告書』では、宮古を代表する民俗芸能であるクイチャーの諸側面が描かれている。富浜定吉『五線譜宮古のあやぐ』では宮古の代表的なアヤグ（歌）が五線譜で紹介されている。当間一郎『沖縄の芸能』では宮古・八重山各地の民俗芸能が紹介されている。

八重山の民謡を最初に世に紹介したのは、喜舎場永珣『八重山島民謡誌』（戦後に『八重山民謡誌』と改訂）である。続いて宮良当壮は『八重山古謡』を出版して祭祀の中で歌われる数々の古謡を紹介した。戦後喜舎場によって出された『八重山民俗誌』（上下巻）、『八重山古謡』（上下巻）も八重山の民俗・歌謡についての貴重な記録・報告である。宮良賢貞『八重山芸能と民俗』は島々の貴重な芸能の報告となっている。森田孫榮『八重山芸能文化論』も八重山の舞台芸能と民俗芸能の両方について考察している。

波照間永吉『南島祭祀歌謡の研究』、狩俣恵一『南島歌謡の研究』、大城學『沖縄の祭祀と民俗芸能の研究』は文学・歌謡研究の立場からの著作であるが、八重山の島々の音楽芸能について貴重な報告と考察が行われている。比嘉康雄『神々の古層』シリーズ⑥（石垣島マユンガナシー）、⑨（西表島シチ）、⑫（与那国島マチリ）も八重山祭祀の貴重な写真記録となっている。また『竹富町史』各巻には各島の年中祭祀や芸能が詳しく記されている。

8. 奄美諸島の歌と踊りについて

奄美諸島は古琉球期には琉球国の版図に含まれていた。近世期になると薩摩藩によって琉球と分断されたものの、いまだに北部琉球文化圏としての特徴を色濃く保っている。それゆえに、古い時代の沖縄の音楽・芸能のあり方を考える上で欠かすことのできない重要な地域である。

奄美諸島最大の島である奄美大島について、名越左源太著『南島雑話』は江戸時代末期に記された奄美大島の民俗誌だが、数々の信仰・行事・民俗・芸能についての貴重な情報が挿絵付きで記述されている。戦前期の著作である茂野幽考『奄美大島民族誌』や文潮光『奄美大島民謡大観』には奄美民謡の由来や歌詞を多く記載しており重要な著作である。

戦後の著作では、久保けんお『南日本民謡曲集』は鹿児島から種子島・屋久島、トカラ列島から奄美諸島、さらに沖縄本島の民謡に至るまで広域にわたって民謡の楽譜を収録した労作であり、歌詞の解説も充実している。

音楽や芸能を支える人々の暮らしを描く民俗学的な成果も見逃せない。小野重朗、下野敏見は鹿児島在住の民俗学者だが、その著述には音楽・芸能に関わる項目も多い。また奄美出身の金久正『奄美に生きる日本古代文化』、恵原義盛『奄美生活誌』は貴重な民俗誌的記録であり芸能に関する記述も多い。恵原には民謡歌詞を多数収集した『奄美の島唄』もある。その後、内田るり子『奄美民謡とその周辺』、小川学夫『奄美民謡誌』、『民謡の島の生活誌』、酒井正子『奄美歌掛けのディアローグ』、中原ゆかり『奄美の〈シマの歌〉』などの著作が出されている。特に小川学夫による民謡の歌詞分析方法は多くの音楽学者に影響を与えている。最近では加藤晴明・寺岡伸悟『奄美文化の近現代史』がメディア分析の手法で現代社会における奄美民謡の位置付けを描き出している。『奄美民謡総覧』は、名瀬市のセントラル楽器が制作した奄美諸島各地の民謡レコードに収録した民謡の歌詞集成であり、歴史的に貴重な記録となっている。

喜界島については、北島公一編『喜界島全集落八月踊り唄歌詞集―あやはびらぬ島に伝わる華の唄―』が喜界島の八月踊りで歌われる歌詞を集大成した労作である（全集落八月踊りの映像DVDも付いている）。徳之島については、酒井正子『奄美歌掛けのディアローグ』が民謡の発生に奄美地域の歌掛けが深く関わっていることを論じている。沖永良部島については、先田光演『沖永良部島のユタ』において、1960年代に採集された《島建シンゴ》を紹介、分析している。これは全詞章が400節に迫る長大な世界創生の神話的叙事詩であり、琉球列島全体においても不朽の価値を持つ歌謡の記録である。高橋孝代『境界性の人類学―重層する沖永良部島民のアイデンティティ』は、沖永良部島諸芸能の近代化の過程について考察している。田中義広編『奄美のまつりと芸能』には、奄美諸島各島の民俗芸能に関する貴重な報告が多数まとめられている。

9．沖縄・奄美の音楽芸能の音源について

三隅治雄監修『沖縄音楽総覧　上下巻』（CD16枚組）は、1965年に日本コロムビアから発売された沖縄音楽に関するLPレコード集をCD集として再発刊したものであり、上巻には沖縄の組踊、歌劇、古典音楽、沖縄諸島の祭祀歌謡、民俗芸能、民謡が網羅的に収録されている。下巻には宮古諸島と八重山諸島の祭祀歌謡と民謡の数々が収められている。どの収録曲も今から半世紀以上前に録音されたたいへん貴重な音源である。三隅治雄監修『甦える沖縄の歌ごえ』は、その音源をCD4枚組に編集したものである。

『SP盤復元による沖縄音楽の精髄　上・下巻』は、戦前期に発売されたSP盤をCDとして復元したもので、琉球古典音楽の音源とともに宮古諸島、八重山諸島の貴重な民謡、新民謡の音源が収録されている。

『沖縄の古謡』（沖縄諸島編、宮古諸島編、八重山諸島編）は、沖縄諸島、宮古諸島編、八重山諸島編の祭祀歌謡や民俗芸能に関わる歌を収めた集成（CD19枚組）であり、『沖縄音楽総覧』の収録から半世紀経った現在の伝承状況を確認するための貴重な音源資料である。

『祈り―勝連町平安名の歌謡―』（CD2枚組）はうるま市勝連平安名集落に伝承される貴重な歌謡を記録したCD集である。『大宜味村謝名城の昔歌～神歌・わらべ歌・民謡・七月手～』

は大宜味村謝名城に伝承される祭祀歌謡や民謡を記録したＣＤである。『沖縄の古歌謡～王府おもろとウムイ』には沖縄音楽研究のパイオニアである山内盛彬が歌う王府オモロと共に、沖縄本島各地の祭祀歌謡（ウムイ）が収録されている。『沖縄　宮古　八重山民謡大全集（Ⅰ）唄方～うたかた～』は、沖縄、宮古、八重山の民謡曲２４５曲を収録した集成で、現代における沖縄民謡の音の記録となっている。

戦前期沖縄新民謡(創作民謡)の世界を開拓した普久原朝喜の諸作品は『チコンキーふくばる』で聴くことができる。

戦後沖縄の民謡、新民謡については、マルフクレコードから多数のＣＤ、カセットテープなどの音源が発売されている。奄美諸島の芸能や民謡の音源については、奄美市のセントラル楽器から多数のＣＤ、カセットテープなどの音源が発売されている。

●参考文献

・『奄美民謡総覧』南方新社　２０１１年
・池宮正治『沖縄の遊行芸　チョンダラーとニンブチャー』ひるぎ社　１９９０年
・居駒永幸『歌の原初へ　宮古島狩俣の神歌と神話』おうふう　２０１４年
・井谷康彦『モーアシビからエイサーへ　沖縄における習俗としての社会教育』ボーダーインク　２０２１年
・稲村賢敷『宮古島庶民史』三一書房　１９７２年
・稲村賢敷『宮古島旧記並史歌集解』至言社　１９７７年
・上江洲均『沖縄の祭りと年中行事　沖縄民俗誌Ⅲ』（琉球弧叢書⑯）榕樹書林　２００８年
・内田順子『宮古島狩俣の神歌』思文閣出版　２０００年
・内田るり子『奄美民謡とその周辺』雄山閣　１９８３年
・内田るり子『沖縄の歌謡と音楽』第一書房　１９８９年
・恵原義盛『奄美生活誌』木耳社　１９７３年
・恵原義盛『奄美の島唄　定型琉歌集』海風社　１９８７年
・恵原義盛『奄美の島唄　歌詞集』海風社　１９８８年
・大城學『沖縄の祭祀と民俗芸能の研究』砂子屋書房　２００３年
・小川学夫『奄美民謡誌』法政大学出版局　１９７９年
・小川学夫『民謡の島の生活誌』ＰＨＰ研究所　１９８４年
・『沖縄県史　各論編　第９巻　民俗』沖縄県教育委員会　２０２０年

・『沖縄県文化財調査報告書143集　沖縄の綱引き習俗調査報告書』沖縄県教育委員会　2004年
・『沖縄県文化財調査報告書145集　宮古のクイチャー調査報告書』沖縄県教育委員会　2006年
・沖縄全島エイサーまつり実行委員会『エイサー360度　歴史と現在』那覇出版社　1998年
・『沖縄大衆芸能　エイサー入門』琉球新報社　1984年
・沖縄タイムス社編『おきなわの祭り』沖縄タイムス社　1991年
・奥濱幸子『祖神物語　琉球弧　宮古島　狩俣　魂の世界』出版舎Mugen　2016年
・小野重朗『十五夜綱引の研究』（常民文化叢書8）慶友社　1972年
・小野重朗『奄美民俗文化の研究』法政大学出版局　1982年
・『小野重朗著作集　南日本の民俗文化1〜7』第一書房　1992年〜1995年
・文潮光（英吉）『奄美大島民謡大観　復刻版』発行文秀人　1983年（初版発行：南島文化研究社　1933年）
・加藤晴明・寺岡伸悟『奄美文化の近現代史─生成・発展の地域メディア学─』南方新社　2017年
・金井喜久子『琉球の民謡』音楽之友社　1954年
・金久正『奄美に生きる日本古代文化』ペリカン社　1978年
・金城厚『沖縄音楽の構造─歌詞のリズムと楽式の理論─』第一書房　2004年
・金城厚『沖縄音楽入門』音楽之友社　2006年
・金城厚『琉球の音楽を考える　歴史と理論と歌と三線』榕樹書林　2022年
・狩俣恵一『南島歌謡の研究』瑞木書房　2000年
・喜舎場永珣『八重山島民謡誌』郷土研究社　1924年（『日本民俗誌体系　第1巻沖縄』〈角川書店

１９７４年〉所収）
・喜舎場永珣『八重山民謡誌』沖縄タイムス社　１９６７年
・喜舎場永珣『八重山古謡上・下巻』沖縄タイムス社　１９７０年
・喜舎場永珣『八重山民俗誌　上・下巻』沖縄タイムス社　１９７７年
・宜野湾市青年エイサー歴史調査会編『増訂 宜野湾市のエイサー　継承の歴史』榕樹書林　２０１５年
・北島公一編『喜界島全集落八月踊り唄歌詞集―あやはびらぬ島に伝わる華の唄―』喜界島文化協会　２０１２年
・宜保榮治郎『エイサー　沖縄の盆踊り』那覇出版社　１９９７年
・久保けんお『南日本民謡曲集』音楽之友社　１９６０年
・久万田晋『沖縄の民俗芸能論　―神祭り　臼太鼓からエイサーまで―』ボーダーインク　２０１１年
・久万田晋・三島わかな編『沖縄芸能のダイナミズム　―創造・表象・越境―』七月社　２０２０年
・小林公江「臼太鼓」（概説）『日本民謡大観　沖縄・奄美　沖縄諸島篇』日本放送出版協会　１９９１年
・酒井正子『奄美歌掛けのディアローグ　あそび・ウワサ・死』第一書房　１９９６年
・酒井正子『奄美・沖縄 哭きうたの民族誌』小学館　２００５年
・先田光演『沖永良部島のユタ』海風社　１９８９年
・崎原恒新『沖縄の年中行事』沖縄出版　１９８９年
・崎原恒新・山下欣一『沖縄・奄美の歳時習俗』明言玄書房　１９７５年
・茂野幽考『奄美大島民族誌』岡書院　１９２７年（『日本民俗誌体系　第１巻沖縄』〈角川書店　１９７４年〉所収）

・『市内民俗芸能調査報告書　村芝居　ぎのわんのムラアシビ』宜野湾市教育委員会　２００１年
・島尻勝太郎『近世沖縄の社会と宗教』三一書房　１９８０年
・島袋源七『山原の土俗』郷土研究社　１９２９年（『日本民俗誌体系　第1巻沖縄』〈角川書店　１９７４年〉所収）
・下野敏見『カミとシャーマンと芸能―南九州の民俗を探る』八重岳書房　１９８４年
・白鳥芳郎・秋山一編『沖縄船漕ぎ祭祀の民族学的研究』勉誠社　１９９５年
・新城敏男『首里王府と八重山』岩田書院　２０１４年
・杉本信夫『沖縄の民謡』新日本出版社　１９７４年
・杉本信夫「糸満市の昔歌Ⅰ　神歌　ハーリー歌　ウシデーク歌」『南島文化』１４　１９９２年
・平良徹也「ウスデーク歌の文学的研究―沖縄県国頭郡大宜味村字田嘉里屋嘉比の事例を中心に―」『奄美沖縄民間文芸研究』第22号　１９９９年
・高阪薫編『沖縄の祭祀―事例と課題』三弥井書店　１９８７年
・高阪薫・秋山紀子・武藤美也子・神野富一編『沖縄祭祀の研究』翰林書房　１９９４年
・高橋孝代『境界性の人類学―重層する沖永良部島民のアイデンティティ』弘文堂　２００６年
・竹富町史編集委員会編『竹富町史　第2巻　竹富島』竹富町役場　２０１１年
・竹富町史編集委員会編『竹富町史　第3巻　小浜島』竹富町役場　２０１１年
・竹富町史編集委員会編『竹富町史　第5巻　新城島』竹富町役場　２０１３年
・竹富町史編集委員会編『竹富町史　第6巻　鳩間島』竹富町役場　２０１４年
・竹富町史編集委員会編『竹富町史　第7巻　波照間島』竹富町役場　２０１８年
・田中義広編『奄美のまつりと芸能　―まつり32・33・34合冊―』錦正社　１９８２年

・知名定寛『沖縄宗教史の研究』榕樹社　1994年
・塚田健一『エイサー物語　移動する人　伝播する芸能』世界思想社　2019年
・当真勲編『泡瀬　京太郎』1980年
・当間一郎『沖縄の祭りと芸能：日本民俗と芸能の原点』（日本の民俗学シリーズ2）雄山閣　1976年
・当間一郎『沖縄の芸能』オリジナル企画　1981年
・富浜定吉『五線譜宮古のあやぐ』文教図書　1990年
・仲宗根幸市『しまうた百話―黒潮列島の謡たち―』沖縄公論社　1983年
・仲宗根幸市『琉球弧の民謡入門〈しまうた〉流れ』ボーダーインク　1995年
・仲宗根幸市『〈しまうた〉を追いかけて　琉球弧の民謡・フィールドワークとエッセイ』ボーダーインク　1998年
・仲宗根幸市編著『琉球列島　島うた紀行　第1集　奄美諸島・沖縄北部・沖縄中部』琉球新報社　1997年
・仲宗根幸市編著『琉球列島　島うた紀行　第2集　八重山諸島・宮古諸島』琉球新報社　1998年
・仲宗根幸市編著『琉球列島　島うた紀行　第3集　沖縄本島周辺離島・那覇・南部』琉球新報社　1999年
・仲宗根幸市『恋するしまうた　恨みのしまうた』ボーダーインク　2009年
・中原ゆかり『奄美の〈シマの歌〉』弘文堂　1997年
・中山盛茂・富村真演・宮城栄昌『のろ調査資料』ボーダーインク　1990年
・『名護市史本編・8　芸能』名護市役所　2012年
・名越左源太著（國分直一　恵良宏校注）『南島雑話　幕末奄美民俗誌』全2巻　平凡社　1984年（東洋文

庫431〜2）
・『日本民謡大観　沖縄・奄美　八重山諸島篇』日本放送出版協会　1989年
・『日本民謡大観　沖縄・奄美　宮古諸島篇』日本放送出版協会　1990年
・『日本民謡大観　沖縄・奄美　沖縄諸島篇』日本放送出版協会　1991年
・『日本民謡大観　沖縄・奄美　奄美諸島篇』日本放送出版協会　1993年
・畠山篤『沖縄の祭祀伝承の研究　儀礼・神歌・語り』瑞木書房　2006年
・波照間永吉『南島祭祀歌謡の研究』砂子屋書房（弧琉球叢書4）1999年
・波照間永子「本部町具志堅における祭祀舞踊「シヌグ舞」の動作特性―上肢動作〈こねり〉を中心に―」『沖縄文化』82　1995年
・比嘉政夫『沖縄からアジアが見える』（岩波ジュニア新書327）岩波書店　1999年
・比嘉康雄『神々の古層①女が男を守るクニ　久高島の年中行事Ⅰ』ニライ社　1989年
・比嘉康雄『神々の古層②女が男を守るクニ　久高島の年中行事Ⅱ』ニライ社　1989年
・比嘉康雄『神々の古層③遊行する祖霊神　ウヤガン〔宮古島〕』ニライ社　1991年
・比嘉康雄『神々の古層④来訪する鬼　パーントゥ〔宮古島〕』ニライ社　1990年
・比嘉康雄『神々の古層⑤主婦が神になる刻　イザイホー〔久高島〕』ニライ社　1990年
・比嘉康雄『神々の古層⑥来訪するマユの神　マユンガナシー〔石垣島〕』ニライ社　1992年
・比嘉康雄『神々の古層⑦来訪するギレーの神　シマノーシ〔渡名喜島〕』ニライ社　1991年
・比嘉康雄『神々の古層⑧異界の神ヤガンの来訪　ヤガンウユミ〔粟国島〕』ニライ社　1991年

・比嘉康雄『神々の古層⑨世を漕ぎ寄せるシチ〔西表島〕』ニライ社　1991年
・比嘉康雄『神々の古層⑩海の神への願い竜宮ニガイ〔宮古島〕』ニライ社　1992年
・比嘉康雄『神々の古層⑪豊年を招き寄せるヒラセマンカイ〔奄美大島〕』ニライ社　1993年
・比嘉康雄『神々の古層⑫巡行する神司たちマチリ〔与那国島〕』ニライ社　1992年
・平敷令治『沖縄の祭祀と信仰』第一書房　1990年
・外間守善・新里幸昭『宮古島の神歌』三一書房　1972年
・外間守善・玉城政美編『南島歌謡大成Ⅰ沖縄篇上』角川書店　1980年
・外間守善・比嘉実・仲程昌徳編『南島歌謡大成Ⅱ沖縄篇下』角川書店　1980年
・外間守善・新里幸昭編『南島歌謡大成Ⅲ宮古篇』角川書店　1978年
・外間守善・宮良安彦編『南島歌謡大成Ⅳ八重山編』角川書店　1979年
・外間守善・田端英勝・亀井勝信編『南島歌謡大成Ⅴ奄美篇』角川書店　1979年
・外間守善・波照間永吉編著『定本　琉球国由来記』角川書店　1997年
・本田安次『南島採訪問記』明善堂書店　1962年（『日本の伝統芸能　南島採訪―本田安次著作集　第18巻』錦正社　1999年）
・本田安次『沖縄の祭と芸能』第一書房　1991年
・宮良当壮『沖縄の人形芝居』郷土研究社　1925年（『日本民俗誌体系　第1巻沖縄』角川書店　1974年所収『宮良當壮全集』第12巻〈第一書房　1980年〉所収）
・宮良当壮『八重山古謡』第1―2輯（宮良長包　採譜）郷土研究社　1928―30年（『宮良當壮全集』第11

巻〈第一書房　1980年〉所収）
・宮良賢貞『八重山芸能と民俗』根元書房　1979年
・森田真也・城田愛『踊る〈ハワイ〉・踊る〈沖縄〉　フラとエイサーにみる隔たりと繋がり』明石書店　2022年
・森田孫榮『八重山芸能文化論』森田孫榮先生論文集刊行事業委員会　1999年
・矢野輝雄『沖縄舞踊の歴史』築地書館　1988年
・山内盛彬『琉球王朝古典秘曲の研究』民俗芸能全集刊行会　1964年（『山内盛彬著作集　第2巻』沖縄タイムス社　1993年所収）
・山内盛彬『琉球の音楽芸能史』民俗芸能全集刊行会　1959年（『山内盛彬著作集　第1巻』沖縄タイムス社　1993年所収）
・『やんばるの祭りと神歌』名護市教育委員会　1997年
・『読谷の文化第4集　ムラアシビ』読谷村教育委員会　1989年
・『琉球芸能事典』那覇出版社　1992年

●参考音源

・『祈り　―勝連町平安名の歌謡―』（CD2枚組）平安名の昔歌を保存する会　1995年
・『SP盤復元による沖縄音楽の精髄　上・下巻』（CD4枚組）日本コロムビア　2000年
・『大宜味村謝名城の昔歌～神歌・わらべ歌・民謡・七月手～』「大宜味村謝名城の昔歌」を記録する会

２００４年

・『沖縄の古歌謡〜王府おもろとウムイ』フォンテック　２００６年

・『沖縄の古謡　沖縄諸島編上巻』（ＣＤ２枚組）公益財団法人沖縄県文化振興会　２０１２年

・『沖縄の古謡　沖縄諸島編中巻』（ＣＤ２枚組）公益財団法人沖縄県文化振興会　２０１２年

・『沖縄の古謡　沖縄諸島編下巻』（ＣＤ２枚組）公益財団法人沖縄県文化振興会　２０１２年

・『沖縄の古謡　宮古諸島編上巻』（ＣＤ２枚組）公益財団法人沖縄県文化振興会　２０１２年

・『沖縄の古謡　宮古諸島編下巻』（ＣＤ２枚組）公益財団法人沖縄県文化振興会　２０１２年

・『沖縄の古謡　八重山諸島編上巻』（ＣＤ２枚組）公益財団法人沖縄県文化振興会　２０１２年

・『沖縄の古謡　八重山諸島編中巻』（ＣＤ２枚組）公益財団法人沖縄県文化振興会　２０１２年

・『沖縄の古謡　八重山諸島編下巻』（ＣＤ２枚組）公益財団法人沖縄県文化振興会　２０１２年

・『沖縄　宮古　八重山民謡大全集（１）唄方〜うたかた〜』ＣＤ１７枚組）唄方プロジェクト　２０１６年

・普久原朝喜他『チコンキーふくばる』マルフクレコード　２００３年

・三隅治雄監修『沖縄音楽総覧　上下巻』（ＣＤ16枚組）日本コロムビア　２００７年

・三隅治雄監修『甦える沖縄の歌ごえ』（宮廷音楽・沖縄本島編ＣＤ２枚組　宮古・八重山諸島編ＣＤ２枚組）日本コロムビア　１９９３年

あとがき

コロナ禍が猖獗を極めていた２０２０年の春頃、元ザ・ブームの宮沢和史氏からラテン音楽の専門サイトであるウェブ雑誌ラティーナ（e-magazine LATINA）に沖縄の民俗音楽・民俗芸能について連載記事を書かないかとのお誘いをいただいた。

ちょうどその頃は勤務校でもリモート授業ばかりになっていた。また島々に出掛けてのフィールド調査もできないし、歌や芸能に詳しい各地のお年寄りの方々に話を伺うこともはばかられる状況だった。そこで「沖縄・奄美の島々を彩る歌と踊り」というタイトルのもとに２０２０年８月から月1回のペースで執筆を始め、２０２２年夏までの2年間にわたって連載を続けることができた。記事には、これまで島々に赴いて現地で歌や踊りを見学しながら感じていたこと、考えていたことをできるだけ盛り込むこととした。また素人ではあるが自分で撮影した写真もずいぶんたまっていたので、思い入れのある写真を各記事に添えることができた。

2年間の連載でかなりの原稿量になっていたことと、連載を通じておぼろげながら全体像らしきものが浮かび上がってきたので、これを沖縄・奄美に住む皆さんにも気軽に読んでいただける形にまとめたいと考えるようになった。そこで拙著『沖縄の民俗芸能論 神祭り、臼太鼓からエイサーまで』刊行（2012年）でお世話になったボーダーインク社の新城和博氏に相談したところ、トントン拍子で話が進み、こうした形で発刊できることとなった。

本書で紹介しているように、沖縄・奄美の島々には実に豊かな音楽・芸能が多種多様な姿で今日まで伝承されてきた。中にはその継承が危ぶまれているものもあるが、バーチャルなネット空間やAI（人工知能）が隆盛する21世紀の今日においても、それらをいまも何らかの形で体験できることは奇跡的なことだと思う。

この豊穣な音楽芸能の世界を、これからの若い世代にもぜひ体感していただきたい。本書がその一助となれば幸いである。

2023年11月24日　首里にて

久万田晋（くまだ・すすむ）

沖縄県立芸術大学・芸術文化研究所・教授。
1961年高知市生まれ。東京藝術大学大学院音楽研究科修了。専門は日本・沖縄を対象とした民族音楽学、民俗芸能論、ポピュラー音楽論。主な著作は『沖縄芸能のダイナミズム　創造・表象・越境』（共編、2020年）、『沖縄の民俗芸能論−神祭り、臼太鼓からエイサーまで−』（2011年）、『エイサー360度　歴史と現在』（共著、1998年）など。

沖縄・奄美の島々を彩る歌と踊り
民俗芸能の伝統と創造をめぐる旅

2023年12月25日　初版第1刷発行

著　者＝久万田晋

発行者＝池宮紀子

発行所＝(有)ボーダーインク
〒902-0076　沖縄県那覇市与儀226-3
電話 098-835-2777　fax 098-385-2840
https://borderink.com　wander@borderink.com

カバーデザイン＝宜壽次美智

印　刷＝株式会社 東洋企画印刷

ISBN978-4-89982-456-5　C0039　Printed in OKINAWA,Japan